教育部人文社会科学研究一般项目（项目编号：13YJA820011）结项成果

刑事诉讼专门机关业绩考评制度研究

胡常龙　冯俊伟　孙晓梁　著

山东大学出版社

图书在版编目（CIP）数据

刑事诉讼专门机关业绩考评制度研究/胡常龙，冯俊伟，孙晓梁著. —济南：山东大学出版社，2020. 7
ISBN 978-7-5607-6542-6

Ⅰ. ①刑…　Ⅱ. ①胡…　②冯…　③孙…　Ⅲ. ①刑事诉讼—司法机关—考核—制度—研究—中国　Ⅳ. ①D926. 1

中国版本图书馆 CIP 数据核字(2020)第 004608 号

责任编辑　陈佳意
封面设计　王　艳

出版发行　山东大学出版社
社　　址　山东省济南市山大南路 20 号
邮政编码　250100
发行热线　(0531)88363008
经　　销　新华书店
印　　刷　济南新科印务有限公司
规　　格　720 毫米×1000 毫米　1/16
　　　　　11. 75 印张　210 千字
版　　次　2020 年 7 月第 1 版
印　　次　2020 年 7 月第 1 次印刷
定　　价　50. 00 元

前言

刑事诉讼专门机关业绩考评办法作为评价刑事诉讼专门机关工作业绩的重要制度，对我国整个刑事诉讼活动所产生的影响是远远超乎想象的。科学、合理、规范、严谨且符合刑事诉讼规律和特点的考评制度无疑会对整个刑事诉讼活动产生积极影响，有利于充分调动刑事诉讼专门机关和专门人员的工作积极性，提高他们行为的规范性和实效性。相反，不规范、不科学、不严谨、不合理且背离刑事诉讼活动和规律的刑事诉讼专门机关考评制度则会严重阻滞刑事诉讼的规范高效运行，导致专门人员的行为失范，导致无辜者迟迟无法从刑事诉讼中解脱出来，有罪者无法受到正当法律程序的保护，甚至会助推冤假错案的生成。例如以往司法实践中的撤案率的考评造成了公安机关、检察机关即使认为事实不清、证据不足也不愿或者不敢及时撤销案件，无罪判决率则直接催生了我国司法实践中极为突出的无罪判决难的问题，其结果则是严重背离程序正义和人权保障的现代刑事诉讼法治要求，进而出现错案难现、错案难纠等司法痼疾。

由于我国的法学理论和实践对刑事诉讼专门机关业绩考评制度对刑事诉讼的影响缺乏足够的关注和研究，而实践中由于业绩考评制度和办法直接关系到专门人员的工资福利、晋升提拔等切身利益。因此，业绩考评制度中的许多不科学、不合理因素对我国刑事诉讼所产生的消极影响没有得到足够重视，且这些因素目前仍然自觉不自觉地成为专门机关和专门人员考评的重要依据和标准，导致撤案难、不起诉难、无罪判决难、疑罪从无难、取保候审难、二审改判难、错案难现、错案难纠等问题仍然顽固地存在于我国的司法实践，进而使我国的刑事诉讼实践中出现了诸多司法怪相，例如变相刑讯问题、超期羁押问题、滥用诉讼期限问题、滥用发回重审措施、程序不当倒流问题等，而这些司法怪相必然会对刑事司法的公正和效率造成严重不良影响，并为冤假错案的酿成提供制度土壤，最终会对整个刑事司法改革甚至会对全面推进依法治国产生不可估量的消极作用。

近年来，公安机关、检察机关和法院逐渐认识到不科学、不合理考评制度对刑事司法活动的不当影响，并开始思考考评制度存在的必要性、如何规范和完善刑事诉讼专门机关业绩考评制度等诸多重大理论问题。最高人民法院于2014年12月23日的审判委员会会议上宣布："取消对全国各高级人民法院的考核排名；除依照法律规定保留审限内结案率等若干必要的约束性指标外，其他设定的评估指标一律作为统计分析的参考性指标，作为分析审判运行态势的数据参考；坚决杜绝以保证结案率为由，年底不受理案件的做法；各高级人民法院要按照最高人民法院的要求，取消本地区不合理的考核指标。"2015年1月20日召开的中央政法工作会议要求，各地政法机关清理各类司法执法考核指标，取消刑事拘留数、批捕率、起诉率、有罪判决率、结案率等不合理的考核项目并建立科学的激励机制，落实办案责任。① 这一做法实际上是建基于对以往考评制度中的诸多不科学、不合理因素所导致的严重不良后果深刻反思的基础上作出的。但目前面临的突出问题是下一步是否还需要考评？如何考评？假如不进行传统意义的考评，那么如何来评价公检法三机关的业绩？这些问题无论是在理论上还是实践中都存在诸多混乱和模糊认识，也是下一步司法改革过程中必须予以思考和正视的问题。

作　者

2020年6月

---

① 参见何莉：《浅议司法机关考核机构的重构》，载《人民论坛》2015年第5期。

目录 CONTENTS

第一章 刑事诉讼专门机关业绩考评制度的历史沿革

刑事诉讼专门机关业绩考评是一项重要的司法管理机制，设立专门机关业绩考评制度的核心目的是为了规范刑事诉讼专门机关及其工作人员的办案行为，评价刑事诉讼专门机关及其工作人员的办案质效，激励刑事诉讼专门机关及其工作人员更好地开展工作。从历史角度观察，自1978年以来，我国刑事诉讼专门机关业绩考评制度经历了初步探索、基本成型、实质发展和重新定位四个阶段。从这一发展过程来看，刑事诉讼专门机关业绩考评制度呈现出与司法职业化密切相关、考评制度不断发展完善、与公务员考核具有融合性等特点。从对刑事诉讼专门机关业绩考评制度沿革的分析可知，专门机关业绩考评制度在实践中具有重要作用，在当前司法改革的背景下，应当废除不合理的评价指标，探索建立契合员额制改革、符合司法规律的新的业绩考评制度。

第一节 刑事诉讼专门机关业绩考评制度的发展阶段

从相关文献上看，我国刑事诉讼专门机关业绩考评制度是在1978年检察机关、审判机关恢复重建后逐渐发展和完善的。从1978年至今，我国刑事诉讼专门机关业绩考评制度经历了不同阶段。学者针对检察机关业绩考评制度提出了“三阶段说”“四阶段说”“五阶段说”等不同观点。如“三阶段说”提出了“雏形期”“探索期”“发展期”三个发展阶段。[①]“四阶段说”提出了探索尝试阶段（20世纪80年代至1997年）、初步建立阶段（1998～2009年）、整体推进阶段（2010～2013年）、创新发展阶段（2014年至今）。[②]“五阶段说”是指党委组织主导型考核阶段（1978～1995年）、初步成型阶段（1995～1998年）、实质化发展阶段（1999～

① 参见么宁：《检察业务考评机制研究》，西南政法大学2014年博士学位论文，第22～33页。

② 参见沈爱民、黄福涛：《检察业务考评体系演进轨迹的梳理与思考》，载《北京政法职业学院学报》2014年第3期。

2003 年)、信息化规范化系统化发展阶段（2004~2008 年）和全面发展阶段（2009~2013 年）。[①] 学者对于公安机关、人民法院业绩考评制度也划分了不同的发展阶段。这些研究为我们理性地分析刑事诉讼专门机关业绩考评制度提供了借鉴和参考。笔者认为，总体来看，我国刑事诉讼专门机关业绩考评制度经历了初步探索、基本成型、实质发展和重新定位四个阶段。

一、初步探索阶段（1978~1994 年）

党的十一届三中全会后，随着 1979 年《刑法》《刑事诉讼法》《人民检察院组织法》《人民法院组织法》等重要法律的颁布，检察机关、审判机关的工作逐步开展和完善。在当时的历史背景下，尽快恢复检察工作、审判工作，认真贯彻刑法、刑事诉讼法，提高刑事案件办案质量成为了当时刑事司法领域的重要问题。1979 年 9 月，中共中央发布的《关于坚决保证刑法、刑事诉讼法切实实施的指示》[②] 中指出："刑法、刑事诉讼法同全国人民每天的切身利害有密切关系，它们能否严格执行，是衡量我国是否实行社会主义法治的重要标志，因此也更为广大群众所密切注意。各级党委、党的各级领导干部和全体党员，都要充分认识，这是一个直接关系到党和国家信誉的大问题。"随后，最高人民法院、最高人民检察院又出台了多项法律文件，进一步完善相关制度。

在检察机关、审判机关恢复重建时期，促进检察机关、审判机关依法履行法律职责、顺利开展工作基本成为了全部司法工作的重心，在当时并不存在严格意义上的刑事诉讼专门机关业绩考评制度。一直到 1995 年《法官法》《检察官法》颁布前，国家法律层面都缺乏关于检察官、法官和公安人员业绩考评的专门法律规定。如针对检察机关业绩考评制度，有

---

① 参见禹得水：《关于检察机关绩效考核制度的调查报告——以 H 省 L 县人民检察院公诉绩效考核制度为样本》，载《中国刑事法杂志》2015 年第 2 期。

② 中发〔1979〕64 号。

论者指出："1949 年至 1995 年这段时期并没有真正意义上的检察业务考评，因为在这一时期内，中国的检察工作是一项全新的事业，人们对检察工作的性质、任务等认识都还有待深化，因此检察业务工作的规范化显然是不足的，并不完全具备刑事考核考评的制度和体系基础。"①

由于检察机关、审判机关、公安机关工作人员具有国家工作人员的身份，随着刑事司法工作的发展，20 世纪 80 年代初，一些地方对刑事诉讼专门机关工作人员进行了考核，主要是组织部门的人事考核。② 当时也有学者主张："行政机关推行的四考制，即考德、考能、考勤、考绩，同样适用于司法机关。"③ 到了 1988 年左右，按照党的十三大报告的精神，"要求在审判机关和检察机关的领导人员和工作人员中，'建立类似国家公务员的制度进行管理'"④。按照这一要求，有学者提出，在职务责任制改革的背景下，应当建立法官考核制度，对法官工作的质和量作出考核。⑤ 在司法实践中，北京等地也已经开始探索对法官、检察官的考评。例如，有论者指出："80 年代后期，北京市检察机关开始探索推行检察人员岗位责任制，业务工作考评是其重要内容。1985 年依照北京市委、市政府要求，北京市检察机关建立了市、分院机关岗位责任制。"⑥

从上述分析来看，到了上世纪 80 年代末，公安机关、检察机关、人民法院的组织机构和相关制度已经逐步建立并完善，这是探索刑事诉讼专门机关业绩考评制度的大背景。另一个重要影响因素是职务责任制改革，这也内在地要求公安司法人员要对权力行使负责，因此，有必要对刑事诉

---

① 么宁：《检察业务考评机制研究》，西南政法大学 2014 年博士学位论文，第 24 ~25 页。

② 参见禹得水：《关于检察机关绩效考核制度的调查报告——以 H 省 L 县人民检察院公诉绩效考核制度为样本》，载《中国刑事法杂志》2015 年第 2 期。

③ 黄明利：《司法改革问题之我见》，载《政法论坛》1985 年第 1 期。

④ 刘平生、周士敏：《对实行法官责任制问题的思考》，载《现代法学》1988 年第 3 期。

⑤ 参见刘平生、周士敏：《对实行法官责任制问题的思考》，载《现代法学》1988 年第 3 期。

⑥ 沈爱民、黄福涛：《检察业务考评体系演进轨迹的梳理与思考》，载《北京政法职业学院学报》2014 年第 3 期。

讼专门机关工作人员进行一定的业绩考评。

二、基本成型阶段（1995～2001 年）

1995 年是我国刑事诉讼专门机关组织体系建设、司法人员职业化建设的一个重要年份。1995 年 2 月，《法官法》《检察官法》正式颁发。《法官法》第八章专章规定了对法官的考核，共 5 个条文。在法官考核的实施上，规定由所在的人民法院进行；在法官考核的原则上，确立了客观公正、领导和群众相结合、平时考核和年度考核相结合三项原则；在考核内容上，主要考察审判工作实绩、思想品德、审判业务和法学理论水平、工作态度和审判作风，其中重点考核审判工作实绩；在年度考核的结果上，分为优秀、称职、不称职三种；在程序救济方面，要求将考核结果以书面形式通知被考核的法官，如其对考核结果有异议，可以申请复议。另外，还明确规定将考核结果作为对法官奖惩、培训以及调整等级和工资的依据。《检察官法》第八章也专章规定了对检察官的考核，与《法官法》对比来看，两者都是 5 个条文，在内容上也较为相似，不同的是考核组织和考核内容。例如，对检察官的考核由其所在的检察机关进行，对检察官的考核内容包括检察工作实绩、思想品德、检察业务和法学理论水平、工作态度和工作作风，重点考核检察工作实绩。

《法官法》《检察官法》中对于法官、检察官考核的规定，标志着刑事诉讼专门机关业绩考评制度进入了一个新阶段。此后，最高人民检察院、最高人民法院又出台了相关法律文件，促进了专门机关业绩考评制度的发展。

1995 年 8 月，最高人民检察院出台了《检察官考核暂行规定》①，该规定在《检察官法》的基础上对检察官的考核原则、考核组织、考核标准、考核程序、考核结果及其运用等作了规定。1998 年，最高人民检察院

---

① 高检发政字〔1995〕44 号，已失效。

颁发的《关于加强基层检察院建设的意见》[①] 规定："普遍推行岗位目标责任制，严格考核和奖惩。"2000年最高人民检察院颁发的《检察改革三年实施意见》[②] 规定："从2000年起，在起诉部门全面推行主诉检察官办案责任制，由最高人民检察院对主诉检察官的条件、选任、职责、管理、考核、奖惩、监督及工作机制作出统一规定。"

1996年，最高人民法院制定了《法官考评委员会暂行组织办法》[③]，对法官考评委员会的职责、组织机构作了规定。法官考评委员会负责指导对法官的培训、考核、评议工作，其中一个重要职责是审查本院法官年度考核方案，指导考核工作。1998年，为了约束和规范审判人员的职务行为，促进司法公正，最高人民法院又出台了《人民法院审判人员违法审判责任追究办法（试行）》[④]，对违法审判责任的追究范围、责任确认、责任追究等作了规定，这一文件也对法院考评制度产生了重要影响。1999年，最高人民法院《人民法院五年改革纲要》[⑤] 规定："全面贯彻执行《人民法院审判人员违法审判责任追究办法（试行）》和《人民法院审判纪律处分办法（试行）》，切实加强对审判工作的纪律监督，严肃查处各种利用审判职权违法违纪的行为。"

需要说明的是，从《法官法》《检察官法》第八章的规定来看，这些规定与1994年国家人事部印发的《国家公务员考核暂行规定》[⑥] 中关于考核的内容相比，主要内容具有相似性。如就考核的内容及评价而言，《国家公务员考核暂行规定》中明确规定，国家公务员的考核内容包括德、能、勤、绩四个方面，重点考核工作实绩；考核结果分为优秀、称职、不

① 高检发〔1998〕32号，已失效。

② 2000年1月10日经最高人民检察院第九届检察委员会第五十二次会议讨论通过。

③ 法发〔1996〕20号。

④《人民法院审判人员违法审判责任追究办法（试行）》，载《新法规月刊》1998年第12期。

⑤ 法发〔1999〕28号。

⑥ 人核发〔1994〕4号，已失效。

称职三个等次。从上述规定来看，法官考核和检察官考核的内容及其评价基本上采取了与《国家公务员考核暂行规定》大致相同的内容。有论者指出，对法官、检察官考核的内容是从公务员考核的“德、能、勤、绩”四个方面演化而来。[①] 应当说这一观点是成立的。

在笔者能够查找到的文献中，这一时期关于公安机关业绩考评的法律文件较少，主要文件是公安部 1999 年颁发的《公安机关人民警察执法过错责任追究规定》[②] 和 2001 年颁发的《公安机关执法质量考核评议规定》[③]。2001 年《公安机关执法质量考核评议规定》是公安机关业绩考评的基础性文件，对包括刑事执法在内的公安执法工作的考评产生了重要影响，后续章节将对这一文件作进一步分析。但在 1996 年之前，实践中已经开始用“发案率、破案率、案犯在逃率”对公安干警的工作进行考核。[④] 有论者在肯定用“发案率、破案率、案犯在逃率”对公安干警进行考核具有可行性和必要性的同时也敏锐地指出，如果相关数据缺乏真实性、弄虚作假，或者在立案等环节做文章，则上述“三率”不仅没意义，还会对办案工作产生负面影响。[⑤]

综上，1995～2001 年这一段时期，《法官法》、《检察官法》正式颁发，为考评法官、检察官提供了正式法律依据。在中央要求加强政法干部队伍建设的背景下，最高人民检察院、最高人民法院及时出台了相关法律文件，进一步细化对法官、检察官的分类与考核。公安机关对公安干警办理刑事案件也开始以一定的量化指标进行考核、评价。我国刑事诉讼专门机关业绩考评制度基本成型。

---

① 参见赵丽：《完善我国法官考评制度研究》，南昌大学 2012 年硕士学位论文，第 10 页。

② 公安部令第 41 号，已失效。

③ 公安部令第 60 号，已失效。

④ 参见万学斌：《关于用“三率”考核公安工作的几个问题》，载《公安大学学报》1996 年第 1 期。

⑤ 参见万学斌：《关于用“三率”考核公安工作的几个问题》，载《公安大学学报》1996 年第 1 期。

三、实质发展阶段（2002～2014年）

1999年《中共中央关于进一步加强政法干部队伍建设的决定》[①] 中指出，要强化对政法部门领导班子和一般政法干部的考核，加强对政法干部队伍的监督管理。在这一背景下，最高人民法院、最高人民检察院相继出台多项法律文件落实相关要求，专门机关业绩考评制度进入实质发展阶段。

在检察机关业绩考评方面，2002年，最高人民检察院出台了《人民检察院基层建设纲要》[②]，要求“以考核干警的能力、绩效为核心，探索建立能级管理机制。在明确内设机构和工作岗位职责的基础上，分类分级明确工作目标，以动态考核为主、定性与定量相结合，实行全员能力和绩效考核，奖优罚劣”。同一年，最高人民检察院印发了《基层检察院建设考核暂行办法》[③]，对如何考核基层检察院建设作出了细致规定。

2003年5月，最高人民检察院印发的《〈人民检察院基层建设纲要〉2003年度实施方案》[④] 要求：“规范工作程序和执法行为，提高执法水平，切实保证办案的质量和效果……围绕提高办案质量，完善对业务工作的考核，重点完善对自侦案件办案质量的考核。认真落实错案责任追究制度。”这一方案提出了对自侦案件的办案考核，这表明在对基层检察院整体考核的同时，单项考核也在推进。

2004年9月，最高人民检察院印发的《2004～2008年全国检察人才队伍建设规划》规定：“建立以能力和业绩为导向的检察人才评价指标体系。要坚持德才兼备的原则，着眼检察工作和检察人才的特点规律，依据

---

① 中发〔1999〕6号。

② 高检发〔2002〕3号，已失效。

③ 高检发政字〔2002〕67号，已失效。

④《〈人民检察院基层建设纲要〉2003年度实施方案》，载《最高人民检察院公报》2003年第4期。

有关规定，结合自身实际，建立和完善各类检察人才的评价标准和手段，构建起以检察业绩为重点，由品德、知识、能力等要素构成的检察人才评价体系，实行量化测评和考核。”[①] 2004 年 10 月，最高人民检察院下发了《基层人民检察院规范化建设考核办法》[②]，在该办法实施后，2002 年《基层检察院建设考核暂行办法》正式废止。从具体内容上看，这一文件“初步建立起检察业务考评体系的雏形和基本架构，为各省市检察院建立健全包括检察业务考评在内的基层人民检察院各项检察工作的考评制度奠定了坚实基础”[③]。2005 年《检察机关办理公诉案件考评办法（试行）》将起诉率作为考核内容，对检察机关和检察官的工作产生了重要影响。

2009 年 2 月，最高人民检察院印发的《2009～2012 年基层人民检察院建设规划》[④] 规定：“坚持客观公正、公开透明、注重绩效、社会公认的原则，内容科学合理，形式简便易行，对基层检察院进行全面考核。考核工作由省级检察院统一领导，市级检察院组织实施。市级检察院每年都应当对所属基层检察院进行一次全面考核。省级检察院可以根据本地区经济社会和基层检察院发展的差异性和不平衡性等实际情况，制定分类标准，实行分类考核。”

在检察机关业绩考评方面最重要的法律文件是 2010 年 1 月印发的《最高人民检察院考核评价各省、自治区、直辖市检察业务工作实施意见（试行）》和《最高人民检察院考核评价各省、自治区、直辖市检察业务工作项目及计分细则》，这两个文件的颁发标志着检察机关业绩考评制度初步形成。[⑤] 2011 年 9 月，最高人民检察院印发了《关于进一步建立健全

---

① 高检发〔2004〕19 号。

② 高检发政字〔2004〕45 号，已失效。

③ 沈爱民、黄福涛：《检察业务考评体系演进轨迹的梳理与思考》，载《北京政法职业学院学报》2014 年第 3 期。

④ 高检发〔2009〕9 号。

⑤ 参见张保生、张晁榕：《检察业务考评与错案责任追究机制的完善》，载《中国刑事法杂志》2014 年第 4 期。

检察机关执法办案考评机制的指导意见》。2014 年，最高人民检察院又印发了《关于进一步改进检察业务考评工作的意见》①，这一文件的出台显示出最高人民检察院在检察业绩考评方面宏观思路的变化。②

在人民法院业绩考评方面，2002 年《最高人民法院关于加强法官队伍职业化建设的若干意见》③ 规定："对法官、法官助理、书记员以及其他工作人员实行分类管理，建立科学的管理制度，提高法院干部人事管理法制化、科学化水平。"2005 年《人民法院第二个五年改革纲要（2004～2008）》④ 明确提出："改革法官考评制度和人民法院其他工作人员考核制度，发挥法官考评委员会的作用。根据法官职业特点和不同审判业务岗位的具体要求，科学设计考评项目，完善考评方法，统一法官绩效考评的标准和程序，并对法官考评结果进行合理利用。建立人民法院其他工作的评价机制。"2008 年 1 月，最高人民法院发布了《关于开展案件质量评估工作的指导意见（试行）》⑤，对案件质量评估体系及其具体实施作了细致规定。同一年，最高人民法院正式下发《关于当前进一步加强人民法院队伍建设的意见》对考评机构、考评体系、考评方法等方面作出了具体规定，这表明全国统一的法院考评制度已经形成。⑥ 2009 年《人民法院第三个五年改革纲要（2009～2013）》⑦ 提出："建立健全以案件审判质量和效率考核为主要内容的审判质量效率监督控制体系，以法官、法官助理、书记员和其他行政人员的绩效和分类管理为主要内容的岗位目标考核管理体系。"除了上述文件外，最高人民法院颁发的与法官行为密切相关的其他文件也

---

① 高检发〔2014〕7 号。

② 参见沈爱民、黄福涛：《检察业务考评体系演进轨迹的梳理与思考》，载《北京政法职业学院学报》2014 年第 3 期。

③ 法发〔2002〕12 号。

④ 法发〔2005〕18 号。

⑤ 法发〔2008〕6 号。

⑥ 参见樊崇义等：《底线——刑事错案防范标准》，中国政法大学出版社 2015 年版，第 392 页。

⑦ 法发〔2009〕14 号。

是业绩考评的重要依据[①]，如《关于开展案件质量评估工作的指导意见》《法官职业道德基本准则》《关于人民法院审判人员违法审判责任追究办法》《关于人民法院审判纪律处分办法（试行）》等。

在公安机关业绩考评方面，首先需要明确的是，根据《人民警察法》第2条、第6条的规定，公安机关的任务是“维护国家安全，维护社会治安秩序，保护公民的人身安全、人身自由和合法财产，保护公共财产，预防、制止和惩治违法犯罪活动”，享有预防、制止和侦查违法犯罪、维护社会治安秩序、维护交通安全和交通秩序等14项职权。在此背景下，公安机关有多个警种，每一个警种的定位和职责都是不同的，很多警种的工作都与办理刑事案件无关。因此，公安机关的业绩考评中很多内容与办理刑事案件无关，如维护社会治安、处理治安违法、进行安全保卫等方面的工作。在对公安机关、干警的全部业绩考评中，刑事案件的业绩考评仅属于其中的一个子内容，所以本研究主要关注的是公安机关业绩考评中关于办理刑事案件的部分。根据我国刑事诉讼法的规定，公安机关在刑事诉讼中享有立案权、采取刑事强制措施的权力和进行刑事侦查的权力等，这些方面也是业绩考评关注的重要领域。

自2002年以来，公安机关刑事案件业绩考评制度不断发展。如2001年全国公安机关“三项教育”领导小组研究确定的第一批全国公安队伍长效机制建设试点单位中，天津市公安局河西分局试点就包括公安绩效考核的内容，该局将绩效考核分为三个层面，分别是对基层所队的考核、对分局机关科室的考核、对民警的考核，并将考核的结果作为单位、民警个人评优的重要依据。[②] 有论者呼吁，应尽快制定出统一的民警考核办法，建

① 参见朱盛文：《关于我国法官考评制度的研究》，中国政法大学2010年硕士学位论文，第16页。

② 参见天津市公安局河西分局：《以考核激励机制为核心扎实做好长效机制试点工作》，载《公安教育》2002年第9期。

立"统一指导、分级实施"的考核模式，并应当优化各种考核指标的设定。[①]

2003年，第二十次全国公安会议要求"大力推进公安队伍正规化建设，全面提升公安工作的水平和公安队伍的战斗力"。会议提出的尽快完善公安民警管理体制、工作机制等内容都与公安机关业绩考评制度密切相关。[②] 应当注意到，在实践中，除了对基层所队、机关科室和民警的考核外，公安机关开展的一些专项行动也存在评比考核，如在2004～2006年全国打黑除恶专项工作中，江苏警方2004年、2005年连续两年打黑除恶工作绩效考核保持全国第一。[③] 在公安机关的各种考核中，命案案件的考核有着极其重要的地位。"2004年11月，公安部在南京召开的全国侦破命案工作会议上提出了'命案必破'的号召，要求各地公安机关以侦破命案为龙头，提高公安机关打击犯罪的水平。"[④]

到了2007年左右，网上绩效考评开始在实践中试点并适用，即"以公安综合信息网络为依托，以量化考核为主要手段，实行网上考评、网上计分、网上通报结果，并将考评结果与民警奖惩紧密挂钩的一种考核管理模式"[⑤]。这种考评模式的出现进一步印证了两个判断：一是公安机关对民警的考核一直持续进行并不断发展；二是为了进一步提高公安干警队伍建设、规范公安执法，公安机关一直在探索完善业绩考评制度。总体上，各地公安机关不断探索针对公安机关不同警种、不同部门和不同工作的考评办法，其中在办理刑事案件的考评中，发案率、破案率、命案破案率等指

---

① 参见"公安民警考核激励机制"课题组：《关于完善和规范公安民警考核工作的几点建议》，载《中国人民公安大学学报》2003年第1期。

② 参见苏传庚：《聚焦第二十次全国公安会议：推进发展和进步的里程碑》，载《人民公安》2003年第23期。

③ 参见苏瑾：《江苏警方连续两年打黑除恶绩效考核全国第一》，载《新华日报》2006年3月23日。

④ 韩康：《我国重大刑事冤案成因分析及应对策略——以公安司法机关的绩效考核机制为视角》，载《郑州航空工业管理学院学报（社会科学版）》2013年第5期。

⑤ 贺勇：《实行网上绩效考核推进电子警务发展》，载《公安教育》2007年第8期。

标在实践中一直有重要影响。

综上，2002~2014年这一段时期，刑事诉讼专门机关业绩考评制度不断发展，其中尤以检察机关的业绩考评制度最为健全，标志性法律文件是2010年1月印发的《最高人民检察院考核评价各省、自治区、直辖市检察业务工作实施意见（试行）》和《最高人民检察院考核评价各省、自治区、直辖市检察业务工作项目及计分细则》。在人民法院业绩考评方面，2008年《关于当前进一步加强人民法院队伍建设的意见》和2011年《最高人民法院关于开展案件质量评估工作的指导意见》具有重要意义，同时错案追究等方面的法律文件也具有重要影响。在公安机关刑事案件业绩考评方面，公安部并未出台新的统一性法律文件，实践中主要依据2001年《公安机关执法质量考核评议规定》和一些地方公安机关出台的考评规定进行。在这一段时间内，刑事诉讼专门机关业绩考评制度在实践中受到高度重视，在产生积极效应的同时，也带来了诸多负面影响。

四、重新定位阶段（2015年至今）

在最高人民法院、最高人民检察院、公安部重视通过考评来促进队伍建设、提高工作质量的过程中，业绩考评制度发挥了重要作用。通过刑事诉讼专门机关业绩考评基本达到了三个目的：一是规范目的，即规范刑事诉讼专门机关及其工作人员的办案行为，进一步提高政法队伍的人员素质，这对于保障刑事诉讼的顺利进行、确保刑事案件质量具有重要意义。二是评价目的。在司法实践中，刑事诉讼专门机关还面临着如何评价下级机关、内部机构、办案组织和办案人员的问题，通过一定的量化指标可以对相应主体进行有效评价，促进对司法工作的有效管理。三是激励目的。刑事司法工作具有一定的特殊性，一些工作的更好开展需要激励办案机关、办案组织和办案人员更多投入，以更认真的态度去办理刑事案件，因此，业绩考评还解决了另一个重要问题，即在工作中通过考评激励先进、激励相关机关、组织和个人投入更多时间、精力到本职工作中。以往一些地区出现的“干与不干一个样、干多干少一个样”的情况，不仅影响了对政法人员的管理，也带来办案质量难以提高的难题。这些方面都不符合我国全面推进依法治国的改革目标。但是，在肯定刑事诉讼专门机关业绩考评制度合理性的同时，学者也指出，我国刑事诉讼专门机关业绩考评制度存在的主要问题是行政化色彩较浓以及对司法规律的遵循不够[①]，具体表现为业绩考评目标不明确、业绩考评运行机械化、部分考评指标缺乏合理性等，如破案率、逮捕率、有罪判决率等的机械适用严重违背了刑事诉讼规律。实践中，一些冤错案的产生也与不合理的刑事诉讼考评制度有密切关联。[②]

在上述背景下，2015 年 1 月，在中央政法工作会议上，中央政法委要求：“中央政法各单位和各地政法机关今年对各类执法司法考核指标进行全面清理，坚决取消刑事拘留数、批捕率、起诉率、有罪判决率、结案率等不合理的考核项目。建立科学的激励机制，落实办案责任，加强监督制约。”[③]“‘去行政化’正是此次全面清理不合理考核指标的主要目的，也是当下新一轮司法体制改革的主要目标之一。”[④] 事实上，在中央政法工作会议之前，2013 年最高人民法院已经要求：“建立科学的办案绩效考核指标体系，不得以上诉率、改判率、发回重审率等单项考核指标评价办案质量和效果。”[⑤] 2015 年 2 月，《人民法院第四个五年改革纲要（2014～2018）》[⑥] 中明确提出：“建立科学合理的案件质量评估体系。废止违反司法规律的考评指标和措施，取消任何形式的排名排序做法。强化法定期限

---

① 参见张保生、张晃榕：《检察业务考评与错案责任追究机制的完善》，载《中国刑事法杂志》2014 年第 4 期。

② 参见陈永生：《冤案为何难以获得救济》，载《政法论坛》2017 年第 1 期。

③ 陈菲、邹伟：《政法机关今年全面清理执法司法考核指标有罪判决率、结案率等将取消》，http://www.xinhuanet.com/legal/2015-01/21/c_1114079201.htm，2019 年 1 月 21 日。

④ 王丹：《畸形的司法考核指标要不得》，载《光明日报》2015 年 1 月 30 日。

⑤《最高人民法院关于建立健全防范刑事冤假错案工作机制的意见》（法发〔2013〕11 号）第 22 项。

⑥ 法发〔2015〕3 号。

内立案和正常审限内结案，建立长期未结案通报机制，坚决停止人为控制收结案的错误做法。”最高人民检察院、公安部也按照中央政法工作会议的要求，取消了刑事拘留数、批捕率、起诉率、有罪判决率等不合理的考核指标。

在中央政法工作会议要求取消不合理的考核指标后，如何建立和完善刑事诉讼专门机关业绩考评制度也成为一项新课题。尤其是在深化司法改革的背景下，这一问题更加重要。2013 年 11 月，党的十八届三中全会审议通过的《中共中央关于全面深化改革若干重大问题的决定》明确了下一轮司法改革方向。按照中央的要求，检察院和法院推进完善司法人员分类管理制度，健全司法人员职业保障制度，完善司法责任制，探索建立省以下法院、检察院人财物统一管理制度等改革，其中的核心问题是司法责任制的落实以及司法人员分类管理问题。在这一背景下，如何落实“权责利一致”的司法责任制改革目标具有极其重要的意义。[①] 2015 年以来，中共中央办公厅、国务院办公厅、最高人民法院、最高人民检察院、公安部等部门出台了《保护司法人员依法履行法定职责规定》《最高人民检察院关于完善人民检察院司法责任制的若干意见》《最高人民法院关于完善人民法院司法责任制的若干意见》《关于建立法官、检察官惩戒制度的意见（试行）》《公安机关人民警察执法过错责任追究规定》等法律文件，这些文件都与刑事诉讼专门机关业绩考评制度密切相关，也为如何完善刑事诉讼专门机关业绩考评制度提出了新的要求。

在司法责任制改革的背景下，如何建立与司法改革相适应、遵循司法规律的新型的刑事诉讼专门机关业绩考评制度是必须解决的难题。在公安机关业绩考评方面，2016 年公安部颁发了新的《公安机关执法质量考核评议规定》[②]，进一步优化了对公安机关的执法质量考评。在检察机关业绩考评制度完善方面，2017 年时任最高人民检察院副检察长的徐显明在检察官

---

① 参见傅郁林：《解读司法责任制不可断章取义》，载《人民论坛》2016 年第 24 期。

② 公安部令第 137 号。

司法办案及绩效考核机制研讨会上指出："在指标设置上要更加注重科学计算案件数量，合理确定各级检察院院领导办案量；在考核内容上要更加注重检察官的政治忠诚、职业伦理、办案数量和办案质效，实现定量考核与定性考核相结合；在考核程序上要更加注重考核组织、考核具体程序和考核救济程序等。同时，要注意认真总结各地在员额检察官绩效考核方面的经验和做法，为健全检察官绩效考核机制提供参考借鉴。"① 2017 年 9 月，最高人民检察院印发了《最高人民检察院机关司法办案组织设置及运行办法（试行）》《最高人民检察院机关检察官业绩考核办法（试行）》《最高人民检察院机关司法业绩档案工作管理办法（试行）》，对落实最高人民检察院机关检察官办案责任制、检察官业绩考核等作出了规定。② 在人民法院业绩考评制度完善方面，最高人民法院也按照改革要求，出台了《法官、审判辅助人员绩效考核及奖金分配指导意见（试行）》。随后一些省、市的不同层级法院根据改革要求也分别制定了针对员额法官、审判辅助人员、司法行政人员等的考核制度。③ 整体而言，由于当前司法责任制改革正在推进中，最高人民法院、最高人民检察院、公安部出台的相关文件的规定并不全面，如何建立科学、合理的刑事诉讼专门机关业绩考评制度，仍然需要理论界和实务界的更多努力。

第二节　刑事诉讼专门机关业绩考评制度沿革的特点

通过上一部分的分析可知，40 多年来，我国刑事诉讼专门机关的业绩考评经历了从初步探索、基本成型、实质发展到重新定位四个阶段。这一

① 常锋：《徐显明在检察官司法办案及绩效考核机制研讨会上指出探索建立科学缜密的检察官绩效考核机制》，载《检察日报》2017 年 9 月 23 日。

② 参见《最高检出台新规落实检察官办案责任制改革》，https://www.spp.gov.cn/xwfbh/wsfbh/201709/t20170928_201768.shtml，2020 年 4 月 20 日。

③ 如北京怀柔区的做法，参见朱丹：《建立"四位一体"员额法官业绩考评体系》，http://tougao.12371.cn/gaojian.php?tid=2091586&yulan=yes，2019 年 11 月 10 日。

发展与我国刑事司法制度的发展完善相适应，也是公安司法机关对刑事诉讼业绩考评制度认识不断深化的体现。从一个历史的角度观察，我国刑事诉讼专门机关业绩考评的沿革呈现出如下几大特点：

一、司法职业化发展要求刑事诉讼专门机关业绩考评制度

从历史角度观察，刑事诉讼专门机关业绩考评制度与司法职业化改革、提高政法队伍素质密切相关。只有将法院、检察院的业绩考评制度与促进司法职业化建设、提高政法队伍素质相结合，并在这一前提下，才能准确地理解我国刑事诉讼专门机关业绩考评制度的发展。

下面将以20世纪80~90年代刑事诉讼专门机关业绩考评制度的初步探索阶段为基础进行分析。在20世纪80年代初期，人民法院和检察院重建后，面临的一个重大问题是专业人员不足的问题，这也严重影响到审判工作和检察工作的有效展开。1980年1月，邓小平在一次会议中指出："现在我们能担任司法工作的干部，包括法官、律师、审判官、检察官、专业警察，起码缺一百万。"[①] 这一判断有重要意义。如在河南省，"1978年各级检察院重建。1979年1月统计，全省各级检察院配备干部只有1021人"[②]。政法人员不足严重影响了法院、检察院恢复重建后工作的开展。为了解决政法干部不足的问题，一方面，"中央决定，从1981年至1984年的4年中，有计划分期分批地招收政法人员。于是一大批职工、干部、转业军人参加了政法队伍，扩大了政法队伍的规模，加强了政法队伍的力量"[③]；另一方面，恢复、支持政法院校办学，加大政法人才的培养[④]。

①《邓小平文选》第2卷，人民出版社1994年版，第286页。

② 河南省地方史志编纂委员会编纂：《河南省志·第19卷·公安志检察志》，河南人民出版社1994年版，第35页。

③ 朱峻峰主编：《邓小平民主与法制理论读本》，中共中央党校出版社1998年版，第265~266页。

④ 参见朱峻峰主编：《邓小平民主与法制理论读本》，中共中央党校出版社1998年版，第266页。

在这一背景下，上述做法有助于为检察机关、审判机关及时输送人才，但是也带来一个较大的问题，就是政法队伍建设问题。当时很多进入法院系统、检察院系统的人并不具有法律知识，专业能力不足。有论者指出："我国《检察官法》实施以前，检察官的来源渠道主要有军队转业安置、单位间干部调配、社会招干、大中专毕业分配以及凭借各种关系安置的领导干部的家属、亲戚、朋友。"① 对于当时的检察官专业素质和能力问题，有学者在20世纪80年代撰文指出："从重庆市检察人员文化素质状况可略见一斑，全市检察人员中，有政法院系大、中专学历的占11.6%，有高中文化程度的占34.1%，有初中文化程度的约占50%，其他占4.3%。检察人员的文化程度低，直接影响其对政策和法律理解的准确性，以及分析和解决问题的能力。"② 因此，对审判人员、检察人员的业绩考评，是与当时的政法队伍建设联系在一起的，是司法职业化、专业化发展的必然要求。综上，司法职业化内在地要求发展和完善刑事诉讼专门机关业绩考评制度，以提高政法人员的专业素质，促进政法队伍的建设。

二、刑事诉讼专门机关业绩考评制度不断发展完善

从整体而言，一方面，自改革开放以来，我国实践中对法官、检察官、公安干警等公安司法人员的考核与对公务员的考核具有一定融合性③；另一方面，我国刑事诉讼专门机关业绩考评制度也逐渐独立发展，随着司法实践的深化而不断完善。在这一过程中，有如下几个显著特点：

（一）专门机关业绩考评目标不断明确

在对法官、检察官工作进行考核的初期，一个重要的考虑是对国家干

① 薛晓卫、黄亚珍：《检察官专业素质实证研究》，载《西南政法大学学报》2007年第1期。

② 谢佑平：《提高检察人员素质管见》，载《现代法学》1987年第3期。

③ 对法官考核的分析，参见沈德咏、周玉华编：《人民法院审判管理教程》，中国法制出版社2012年版，第149页。

部管理和提高政法队伍的需要，应当说这在20世纪80~90年代的历史背景下有重要意义。当时对法官、检察官的考评制度也事实上起到了通过对“人”的管理，提高了政法人员的素质，促进了审判工作、检察工作的有序开展。到了90年代以后，法官、检察官的考核工作开始对“业务”进行考核，考核的重要目标除了提高司法人员的素质外，还更为重视促进审判工作质量、检察工作质量的提高。到了2000年以后，考评目标更为清晰，即刑事诉讼专门机关业绩考评制度的目标是“规范、评价和提高”三大目标：一是规范刑事诉讼专门机关及其工作人员的执法、司法行为，二是评价刑事诉讼专门机关及其工作人员的工作质量和效率，三是激励刑事诉讼专门机关及其工作人员更好地完成执法、司法工作。

（二）专门机关业绩考评体系不断完善

从法律规定来看，1995年法官法、检察官法中对于法官、检察官考核的规定过于原则，仅有5个条文的内容。随着司法改革的深入，最高人民法院、最高人民检察院出台了诸多法律文件，进一步完善业绩考评制度，促进了专门机关业绩考评的体系化发展。如2010年《最高人民检察院考核评价各省、自治区、直辖市检察业务工作实施意见（试行）》《最高人民检察院考核评价各省、自治区、直辖市检察业务工作项目及计分细则》，对检察机关业绩考评的指导思想、基本原则、考评内容、考评方法等方面都作出了具体要求，并设置了具体考评项目及其分值。[①] 各省检察院、法院也探索出台了相关规定，部分地方检察院、法院还开展了业绩考评试点探索。应当说，上述相关法律文件的出台和部分地方法院、检察院的探索，都促进了我国刑事诉讼专门机关业绩考评制度的体系化发展，但是其中一些考评指标的设定和部分考评做法也存在违背司法改革要求、违背司法规律等问题，这方面也必须引起高度重视。

---

① 参见张立：《今年起统一考评各地区检察业务工作》，载《检察日报》2010年1月5日。

（三）专门机关业绩考评的范围不断扩大

根据笔者访谈的结果，在20世纪90年代初期，虽然相关法律文件中缺乏对于办案数考核的明确规定，但在人民法院内部已经开始统计办案数，根据每个法官具体的办案数来进行评比，并将其作为年度评优、年度奖励或任职提职等的重要依据。随着刑事诉讼专门机关业绩考评制度的不断发展，如今对于法官、检察官的考核更为全面。如江苏省高院2003年年底出台的《关于建立全省法院质量效率统一指标体系和考评机制的实施意见（试行）》，其中的数据指标包括："法官审理案件的结案数、结收案比、法定正常审限内结案率、案件平均审理天数、超审限未结案数、民事案件调解率、上诉率、申诉率、执结率、执行案件投诉率、执行标的额平均到位率、申诉复查和解撤诉率、申诉复查案件再复查率等。"① 在员额制改革后，一些省市法院和检察院也陆续出台了分别针对员额法官、检察官和审判、检察辅助人员、司法行政人员等的考核规定，但与之前的考核指标、考核方式等已有所不同。

（四）专门机关业绩考评的类型上更为多元

以检察机关业绩考评制度为例，包括对于检察院的整体考核、对检察院内设部门的考核、对内设部门的某一项工作的考核、对检察官的考核等。由于"压力传导"，对检察院的考核、对检察院内设部门的考核、对内设部门某一项工作的考核最终都会转化为对检察官个人的考核。再如，设置了年度考核、季度考核、月份考核（或排名）等不同分类。在司法实践中，针对生效判决执行等专项行动，我国一些省份的高级法院每周都对不同基层法院的专项工作开展情况进行排名，在一定程度上，因相关排名涉及上级法院是否认可下级法院的工作，这也属于法院考评制度的一部分。

除上述几个方面外，我国刑事诉讼业绩考评的考评组织、考评程序、考评结果运用等方面也逐渐趋于完善。

① 李小伟：《反思与进路：法官审判实绩考核制度对审判权运行的影响》，载广州市法学会编：《法治论坛》第21辑，中国法制出版社2011年版，第201页。

三、刑事诉讼专门机关业绩考评与公务员考核具有融合性

从历史角度观察，1979 年中央组织部颁发的《关于实行干部考核制度的意见》规定："干部考核的标准和内容，要坚持德才兼备的原则，按照各类干部胜任现职所应具备的条件，从德、能、勤、绩四个方面进行考核。"① 这一规定也适用于对刑事诉讼专门机关工作人员的考核。到了 1994 年左右，国家人事部印发了《国家公务员考核暂行规定》，对公务员考核的原则、组织、方式等都作了细致规定。经对比可知，1995 年《法官法》《检察官法》中对法官、检察官的考核规定借鉴了对公务员考核的规定，主要是借鉴了《国家公务员考核暂行规定》的相关内容，但也结合审判工作、检察工作特点，作了不同规定。

2005 年，国家出台了《公务员法》，该法第 2 条规定："本法所称公务员，是指依法履行公职、纳入国家行政编制、由国家财政负担工资福利的工作人员。"在这一背景下，法官、检察官正式被纳入了公务员序列管理②，随之而来的是，法官、检察官应当与其他公务员在一定意义上被同等对待。2007 年，中组部、人事部正式下发了《公务员考核规定（试行）》③，同时废止了《国家公务员考核暂行规定》。《公务员考核规定（试行）》规定，对公务员的考核，以其职位职责和所承担的工作任务为基本依据，全面考核德、能、勤、绩、廉，重点考核工作实绩。我国《法官法》《检察官法》中对法官、检察官考核内容的规定与上述规定的实质内容较为接近，因此，当前对法官、检察官的考核与对公务员的考核仍具有一定的融合性。近年来，最高人民法院、最高人民检察院也在探索与法

---

① 转引自杨占瑞、王建新主编：《干部年度考核工作指南》，辽宁大学出版社 1991 年版，第 229 页。

② 参见朱盛文：《关于我国法官考评制度的研究》，中国政法大学 2010 年硕士学位论文，第 16 页。

③ 中组发〔2007〕2 号。

官、检察官职业特点相适应的单独的刑事诉讼业绩考核办法。有学者批评："把检察机关和人民法院等同于一般的国家机关，把检察官和法官等同于一般的党政机关干部，把检察权和审判权的运行粗泛地等同于一般的行政权，把检察权和审判权的运行等同于其他国家权力的运行，忽略了检察权和审判权的司法特征，忽略了检察官和法官的职业特殊性要求，也忽略了检察权和司法权运行的应有规律。"①

总体而言，在实践中，我国刑事诉讼专门机关的业绩考评与公务员考核具有融合性，尚未完全建立专门针对法官、检察官的单独、完善的业绩考评制度。自 2014 年以来，随着司法责任制改革的不断推进，建立有别于普通公务员的刑事诉讼专门机关业绩考评制度正在探索中。

四、刑事诉讼专门机关业绩考评与刑事诉讼运行有密切关联

从历史视角观察，刑事诉讼业绩考评与刑事诉讼运行有密切关联。在积极意义方面，通过对公安干警、检察官、法官的工作业绩进行考评，有助于激励行为主体更好地开展刑事诉讼工作，促进刑事诉讼程序的合理运行。但在司法实践中，刑事诉讼专门机关业绩考评制度中存在的不合理、不科学的因素，对刑事诉讼的运行产生了诸多负面影响。② 如 2015 年 1 月中央政法工作会议上要求废除的"刑事拘留数、批捕率、起诉率、有罪判决率、结案率"等考评指标。③ 除此之外，法院业绩考评中还存在服判息诉率、案结事了率、法院调解率、撤诉率、简易程序适用率、行政案件调解撤诉率、一审裁判正确率、一审服判息诉率、上诉率、二审息诉服判率、二审改判发回率、报请最高人民法院核准死刑案件率等不合理的评价

① 樊崇义等：《底线——刑事错案防范标准》，中国政法大学出版社 2015 年版，第 395 页。

② 参见胡常龙：《检察机关执法办案考评机制实证研究》，载《山东社会科学》2017 年第 4 期。

③ 陈菲、邹伟：《政法机关今年全面清理执法司法考核指标有罪判决率、结案率等将取消》，http://www.xinhuanet.com/legal/2015-01/21/c_1114079201.htm，2019 年 1 月 21 日。

指标。[①] 这些不合理的考核指标严重影响了刑事诉讼程序的正常运行，损害了刑事司法公正价值的实现。[②]

法律的有效实施是法律的生命。我国台湾学者黄源盛教授指出："法律的真正价值，一端在于实用，而法院的判决，即系实用法律的具体表现。"[③] 刑事诉讼法惩罚犯罪与保障人权的功能的实现都依赖刑事诉讼的良性运行，尤其是在保障犯罪嫌疑人、被告人获得公正审判、防止无辜者被错误定罪方面。司法实践中一些不合理、不科学的量化考核指标严重违背了刑事司法规律。[④] 如一个案件从立案开始，一般会经历侦查阶段、审查起诉阶段和审判阶段。由于不同诉讼阶段的诉讼主体、诉讼任务和诉讼目的都有所不同，在诉讼认识上也可能存在差异。一个被采取逮捕措施的犯罪嫌疑人、被告人，在经过人民法院的正式审理后，应存在着获得无罪判决的可能。但受到国家赔偿、逮捕率、无罪判决率等因素的综合影响，我国司法实践中"逮捕的实体化"的倾向较为严重，犯罪嫌疑人、被告人在被采取逮捕的强制措施后，一般很难获得无罪判决。[⑤] 陈永生教授指出，"公安司法机关绩效考核指标设置不合理，导致侦查、起诉、审判三机关都片面追求证明有罪"，这是冤假错案形成的重要原因之一。[⑥]

---

① 参见单玉晓：《法院仍"晒"不合理司法考核指标》，http://china.caixin.com/2016-02-25/100912438.html，2018 年 9 月 1 日。

② 参见胡常龙：《检察机关执法办案考评机制实证研究》，载《山东社会科学》2017 年第 4 期。

③ 黄源盛：《中国法史导论》，广西师范大学出版社 2014 年版，第 19 页。

④ 参见张保生、张晃榕：《检察业务考评与错案责任追究机制的完善》，载《中国刑事法杂志》2014 年第 4 期。

⑤ 参见郭晶：《"逮捕实体化"之模式、危害及成因——"行政内控"与"诉讼制衡"之间的尖锐冲突》，载《西部法学评论》2012 年第 6 期。

⑥ 参见陈永生：《冤案为何难以获得救济》，载《政法论坛》2017 年第 1 期。

第三节 刑事诉讼专门机关业绩考评制度的改革思路

在当前司法改革的背景下，最高人民检察院、最高人民法院正在积极适应改革要求，出台相关的新的业绩考评文件、方案。但从整体而言，由于刑事司法改革正在推进，当前刑事诉讼专门机关业绩考评并不存在完善的制度设计，如何建构科学、合理的刑事诉讼专门机关业绩考评制度仍然需要认真对待。为此，学者提出了不同的解决思路。陈永生教授提出，“应当根据不同的机关、部门在刑事诉讼中承担职能的不同设置不同的考核指标体系”，并应当强化对是否严格遵守法定程序的考核、实现考核事项的决定机关与被考核机关的严格分离等。① 龙宗智教授则提出：“应注意岗位与绩效并重，加强对办案质量与办案效果的考核评价，考绩方式应差别化设置，同时实施行政主导之下的多元化考绩。”② 从我国刑事诉讼专门机关业绩考评的发展历史来看，笔者认为，刑事诉讼专门机关业绩考评制度的改革是一个系统工程，需要从考核目标、考核组织、考核指标、考核程序、考核结果运用等多方面同步进行，在当前的背景下，以下三方面的改革思路较为重要：一是业绩考评制度必须契合司法改革的目标和要求，落实司法人员“责权利”的统一；二是业绩考评制度应当符合刑事司法规律，促进刑事实体公正和程序公正的实现；三是应当建立科学的业绩考评指标体系，促进考评目的的充分实现。具体言之：

一、刑事诉讼专门机关业绩考评应当契合司法改革的目标、要求

从20世纪80年代以来专门机关业绩考核制度的发展来看，早期的业绩考核主要是以对办案数的统计和对比为主，随着法官、检察官的职业责任制改革开展，专门机关业绩考评体系不断发展、不断完善。随后我国进

① 参见陈永生：《冤案为何难以获得救济》，载《政法论坛》2017年第1期。

② 龙宗智：《试论建立健全司法绩效考核制度》，载《政法论坛》2018年第4期。

行的多轮司法改革，都为刑事诉讼专门机关业绩考评的发展注入了新的动力。因此，刑事诉讼专门机关业绩考评与刑事司法改革密切相关。① 具体言之，专门机关业绩考评制度与刑事司法改革中的法官、检察官职权，审判权、检察权的运行机制等密切相关。在法院、检察院内部行政化较强，法官和检察官缺乏独立办案权以及法官、检察官与司法辅助人员不加区分的背景下，对法官、检察官的全面考核也很难实现。因此，在中央推进司法人员分类管理制度、健全法官检察官及司法辅助人员职业保障制度、完善司法责任制等“四项改革”的背景下，必须在当前司法改革的背景下探索新的专门机关业绩考评制度。中共中央办公厅、国务院办公厅颁发的《关于加强法官检察官正规化专业化职业化建设全面落实司法责任制的意见》《保护司法人员依法履行法定职责规定》以及最高人民法院、最高人民检察院出台的《关于建立法官、检察官惩戒制度的意见（试行）》《最高人民法院关于完善人民法院司法责任制的若干意见》《关于完善人民检察院司法责任制的若干意见》《最高人民检察院机关检察官司法办案权力清单（2017 年版）》等法律文件对于建立新的刑事诉讼专门机关业绩考评制度都具有重要意义。近年来，我国公安机关的机构改革、执法改革也在进行中，在构建和完善新的专门机关业绩考评制度中也应当对这些改革进行充分关注。

二、刑事诉讼专门机关业绩考评制度应当遵循刑事司法规律

遵循刑事司法规律也是完善刑事诉讼专门机关业绩考评制度的关键方面之一。具体言之，一是要遵循刑事诉讼运行规律。刑事诉讼包括立案、侦查、审查起诉和审判（包括一审、二审、再审）等不同诉讼阶段，不同诉讼阶段的任务和目的都有所不同，因此，对公安人员的考核应当与对检察官、法官的考核有所不同。以对检察官的考核而言，在中央政法委要求废止不合理的业绩考核指标前，一些检察机关将案件的不起诉率作为重要

① 参见龙宗智：《试论建立健全司法绩效考核制度》，载《政法论坛》2018 年第 4 期。

的考核指标并机械适用，不起诉率低则得分高、不起诉率高则得分低。这一指标及其计分方式并不符合人民检察院的法律地位和职责。按照《宪法》《刑事诉讼法》《检察官法》等的规定，人民检察院是国家法律监督机关，检察官负有客观公正的义务，既要保障有罪的人依法受到惩罚，也要保障无辜的人不受到错误追究，因此必须合理、全面地看待不起诉率问题。不起诉率高并不代表检察工作质量低，相反，不起诉率低也并不代表检察机关充分履行了法律职能。近期，各级检察机关对待不起诉问题的立场已经有所改变。根据相关数据统计，2018 年，检察机关“严格按照法定标准审查批捕、审查起诉，依法决定不批捕29 万余人，不起诉14 万余人，同比分别上升 10.8% 和 22.3%”①。二是遵循司法认识规律。在刑事司法过程中，随着案件办理的深入，公安司法人员对于案件的认识可能发生变化也是一个重要的司法规律。因此，在刑事诉讼专门机关业绩考评中要重视司法认识规律。一个正常的刑事诉讼运行机制是公安机关立案的数量较多，随着案件办理的深入，在进入到审查起诉阶段后，人民检察院在审查起诉中可能分流掉一些不符合起诉条件的案件和没有起诉必要的案件；在以审判为中心的诉讼制度改革背景下，当案件进入到审判阶段后，人民法院对于被告人的行为是否构成犯罪有最终的判断权，因此，在人民法院审判后可能仅认定部分案件构成犯罪，对另外一部分案件作出无罪判决。②这都属于正常司法认识规律的范畴。当然，对于具体案件中相关人员滥用职权、不正确履行法律职权的行为，则需要规制并追究责任。

三、刑事诉讼专门机关业绩考评应当设立科学、合理的指标

契合刑事司法改革的要求和遵循刑事司法规律是对刑事诉讼专门机关

① 陈菲：《检察机关去年不批捕不起诉人数有较大上升》，http://www.xinhuanet.com/legal/2019-02/08/c_1124092425.htm，2019 年 11 月 25 日。

② 这一认识在理论上较早就具有共识性，类似论述参见向泽选：《检察业务考评机制探析》，载《国家检察官学院学报》2010 年第 4 期。

业绩考评制度的宏观要求，在具体层面还应设立科学、合理的业绩考评指标。结合相关研究，笔者认为，刑事诉讼专门机关业绩考评在指标设计上应当重视以下三个原则：一是全面考核原则。针对既往司法实践中过于重视对惩罚犯罪指标和实体事项考核的问题，应当进一步强化对刑事司法机关在人权保障方面的考核及其在遵守法律程序方面的考核。① 在司法实践中，已经有地方司法机关关注到这一问题。如安徽省检察院公诉二处设置了案件承办公诉人会见相关当事人、会见律师等加分项②，相关做法值得借鉴和推广。二是分类考评原则。陈永生教授提出："应当根据不同的机关、部门在刑事诉讼中承担职能的不同设置不同的考核指标体系。"③ 除此之外，要区分部门考核与个人考核，对刑事诉讼专门机关内设机构的考核应当与对个人的考核相区分，不得将对部门的考核直接转嫁于公安司法人员个人。要区分对不同人员的考核④，如为审判辅助人员、独任法官、合议庭成员、审判委员会成员设计不同的考核内容和指标。三是动态考评原则。这主要是指要重视对刑事诉讼专门机关工作人员执法或司法过程的考评，而非简单地对结果进行考评，其重要原因在于，规范、严谨的行为考评更有助于促进良好结果的出现，更有助于激励刑事司法人员依法办案，提高办案质量。⑤ 动态考评的另一个方面是在考核指标上不唯结果论，在重视行为考评的基础上，设置更多体现依法办案、积极履行法律职责的指标，如上文提到的安徽省检察院公诉二处制定的会见相关当事人、会见律师等方面的考核指标。

---

① 参见陈永生：《冤案为何难以获得救济》，载《政法论坛》2017 年第 1 期。

② 参见潘颖：《公诉环节防范冤假错案机制探微——从杨德武案谈起》，载《法律适用（司法案例）》2018 年第 12 期。

③ 陈永生：《冤案为何难以获得救济》，载《政法论坛》2017 年第 1 期。

④ 参见樊崇义等：《底线——刑事错案防范标准》，中国政法大学出版社 2015 年版，第 397 页。

⑤ 参见詹建红：《我国法官惩戒制度的困境与出路》，载《法学评论》2016 年第 2 期。

第二章 刑事诉讼专门机关业绩考评制度的基本内容

第一节 刑事诉讼专门机关业绩考评制度的理论界定

一、业绩考评制度的基本内涵

业绩考评制度又称为业绩考评办法、绩效考评制度或者绩效考评办法，最初是作为管理学上的一项制度进入人们视野的，它的核心词是“绩效”。从管理学的角度来看，“绩效又称工作表现。它一般包括两个方面：一方面指工作结果，相当于通常所说的业绩，如工作的效率、工作产生的效益和利润等；另一方面指影响工作结果产生的行为、技能、能力和素质及态度等”①。而绩效考核则是“企业在既定的战略目标下，运用特定的标准和指标，对员工的工作行为及取得的工作业绩进行评估，并运用评估的结果对员工将来的工作行为和工作业绩产生正面引导的过程和方法”②。同时，绩效考核还有一系列的考核方法、程序、原则、指标等，所有这些内容所构成的相关制度统称为绩效考核制度。

根据管理学对于绩效考核的理论界定，绩效考核或者是业绩考核至少涵括如下内容：

首先，绩效考核是现代企业管理制度的重要组成部分，其根本目的在于提高企业管理的效能和水平，科学合理地评价企业运用的过程效能和结果效能。

其次，企业业绩考核的主要内容包括组织绩效和人员绩效。“这两种绩效所包含的内容及其评估和管理的方法都不尽相同。组织绩效是强调一个集体性绩效，对企业组织而言，组织绩效通常包含产量、盈利、成本等财务性内容，同时也包含客户满意度、员工满意度、员工士气、员工成长

---

① 高权主编：《人民检察院规范化管理体系的理论与实务》，中国检察出版社2008年版，第52页。

② 文建秀主编：《人力资源管理理论与实务》，中国铁道出版社2012年版，第155页。

与发展等非财务性内容。人员绩效一般指个体性绩效，对人员绩效而言，绩效既表现为人员的工作结果，也表现为人员的工作过程，如人员的行为、技能、能力和素质等。"[①] 另外，还有学者总结绩效考核的内容包括两大部分：KPI（Key Process Indicator）业绩考核和行为考核，行为考核分为工作业绩、工作能力、工作态度三大部分。[②] 也有人从政府管理的角度出发，简单地把业绩考评指标总结为德、能、勤、绩等几个方面。

再次，无论是政府还是企业，其绩效考核都有一套规范的程序和方法。绩效考核的方法根据不同的标准可以作出不同的划分。如有学者总结到，实践中的绩效考评方法，"可以分为相对评估法和绝对评估法。相对评估通过员工绩效的相互比较取得考评分数，适合群体考评；绝对评估通过对评估项目确定一个客观的尺度（标准），将某个员工在一段时间内的绩效行为与这个尺度进行对比取得考评结果，适合个人考评"[③]。当然，理论和实务界还存在其他多种方法来进行绩效考评。

最后，绩效考评说到底不是目的，它仅仅是提高企业和单位效能、调动企业员工积极性和工作效率的一种方法、一种制度。需要强调的是，业绩考评制度或者绩效考评方法并不是一成不变的，而是随着现代管理科学和经济学等学科的发展而不断作出调整和规范，即现代业绩考评制度处于不断规范、完善和发展的动态过程中，而不是僵化不变的。

二、刑事诉讼专门机关业绩考评制度理论界定

从理论上探讨，刑事诉讼专门机关业绩考评制度被认为是借鉴和吸纳了政府绩效考评的基本程序、基本方法和基本内容。"20 世纪 90 年代以来，政府绩效考核就开始引起我国公共管理理论界和实践界的普遍关注。政府绩效考核作为一种新兴的管理模式，不仅继承了传统公共行政对效率

① 顾琴轩：《绩效管理》，上海交通大学出版社 2005 年版，第 4 页。

② 参见吴钢：《绩效管理》，清华大学出版社 2016 年版，第 98 ~ 99 页。

③ 刘秀英主编：《绩效管理》，浙江大学出版社 2011 年版，第 71 页。

与工具的追求，同时为政府部门提供了更有效的约束与激励机制，更加融合和体现了对公平、服务、责任和回应性等价值理性的关注。”[①] 这一方法同时被引入刑事诉讼中对公安司法机关的业绩考评中。也有人认为：“20世纪90年代后期，源于西方国家司法机关的‘绩效考核’办法被引入我国，司法绩效考核被国内司法机关借鉴。”[②] 但实际上，刑事诉讼专门机关业绩考评制度在90年代之前已经存在于我国的公安机关、检察院和法院中，只不过相对较为简单而已。从理论上解读，刑事诉讼专门机关业绩考评制度当然是指我国对刑事诉讼专门机关进行业绩考核和评价的专门制度，具体可从如下几个方面进行解读：首先，该制度适用的对象是刑事诉讼中的专门机关和专门人员，即我们通常所说的公检法三机关及其工作人员。当然，这里的“公”，准确的称谓应是“侦查机关”，除了公安机关以外，我国的侦查机关至少还包括检察机关、国家安全机关、军队保卫部门、海关的走私犯罪侦查机关等，这些机关作为侦查机关同样也要进行业绩评价和绩效考核。其次，该制度考核的基本内容是刑事诉讼专门机关和专门人员的刑事诉讼业绩，包括对刑事诉讼行为和刑事诉讼结果的考核和评价。以侦查机关为例，以往的司法实践中考核的内容包括破案率、拘留数、批捕率、移送起诉率、起诉率、无罪判决率等，同时还涉及改革创新内容等；监察体制改革前的检察机关考评的内容则涉及职务犯罪案件立案数、批捕率、起诉率、无罪判决率等因素，同时还涉及办案数、结案数、实刑率等量化指标的考核；法院通常要考核立案数、办案数、有罪判决率、二审发改率等。有专家将法院考评的内容总结为五个方面，即关于量的考评、关于率的考评、关于新的考评、关于错的考评和关于争（即争做第一，争创一流）的考评。[③] 再次，从考评的主体来看，可以分为上级刑事诉讼专门机关的考评和本机关的考评两部分。当然，如果关注范围更广

---

① 包献荣：《刑事司法绩效考核的困境与出路》，载《社会科学家》2015年第4期。

② 何莉：《浅议司法机关考核机制的重构》，载《人民论坛》2015年第5期。

③ 参见黄维智：《业务考评制度与刑事法治》，载《社会科学研究》2006年第2期。

一些的话，还包括同级党委等机构对刑事诉讼专门机关的考评。从被考评的对象来看，可以分为对组织的考评和对个人的考评，对组织的考评主要是由上级刑事诉讼专门机关和同级党委进行的考评，而对个人的考评则主要是本人所在的专门机关对专门人员本人的考评。最后，考评的目的在于提高刑事诉讼专门机关刑事诉讼活动的公正和效率，提高专门人员工作积极性和责任心。所以，业绩考评办法或者制度应紧紧围绕着公正和效率这两个基本诉讼价值目标设定和进行，同时还必须符合刑事诉讼活动的规律和特点。总结如上几点，刑事诉讼专门机关业绩考评制度可以总结归纳为：它是刑事诉讼专门机关根据刑事诉讼特点和规律对刑事诉讼行为、过程和结果进行考察和分析，以评价和衡量刑事诉讼活动成效和刑事诉讼专门机关工作人员业绩的一项基本制度。

第二节　刑事诉讼专门机关业绩考评制度设立的基本原则

一、实体公正原则

刑事诉讼专门机关业绩考评制度作为一项运行多年且不断予以规范改进的重要制度，从诉讼功能的角度分析，其仅仅是一种助推司法公正的手段，它的根本目的仍然在于司法公正，特别是实体公正。因此，在刑事诉讼专门机关考评制度的设置和规范过程中，首要的考量因素应当是实体公正问题，即如何有助于最大限度实现司法的实体公正，凡是不利于司法公正实现的因素和指标就应当删除和修改，而有利于司法实体公正实现的指标和因素则应当充分合理地予以考量和评价。实体公正原则是刑事诉讼专门机关考评制度设立和规范的基本原则。

二、程序正义原则

程序正义是现代刑事诉讼的基本价值目标和司法追求，也是实现实体公正的基本手段和重要途径。在刑事诉讼专门机关考评制度的设置和运行过程中，程序正义同样贯穿其中。首先，考评制度的设置和运行的一个基本目的在于实现刑事诉讼的程序正义，即保证刑事诉讼程序运行过程中能够充分彰显公正、公平、文明、人道、人权保障等价值目标，而不是对上述目标的实现产生消极作用或者负面影响。否则，该制度存在的正当性和合理性就会受到质疑。其次，程序正义也是该制度设立和运行的基本原则和基本要求。该制度设立和完善中必须遵循程序正义的要求，实际运行过程中同样要贯彻程序正义原则，即考评的程序、方式、方法本身应当是规范、科学、正当、合理的。再次，程序正义也是考评制度进一步规范和完善的基本标尺。我国自产生专门机关考评制度至今，一直在不断规范和完善，其中的一些不合理因素和指标经过实践的检验，其负面作用和负面影响逐渐显现出来，引起各级司法机关甚至立法机关的高度重视。通过总结实践经验和教训，中央政法委、最高人民法院、最高人民检察院、公安部等逐步对这些不合理的因素和指标加以剔除或者完善，考评制度也因此逐渐规范和完善。

三、科学性原则

刑事诉讼专门机关业绩考评制度同企业绩效考核一样，其有效性的根本保障在于科学性，没有科学性，就谈不上什么合理性，该制度自然也就发挥不出应有的作用。当然，考评制度的科学性涉及的内容很广，例如考评的方式方法的科学性、考评指标包括定性指标和定量指标设置的科学性、考评委员会设置和组成的科学性、不同部门考评指标和方式的科学性、考评结果司法评价的科学性等，这些内容都需要在制定和设置考评制度的过程中充分合理地予以评价和规定。科学性原则同样是该制度发挥应有作用和功能所必须遵循的基本原则。

四、合理性原则

合理性原则和科学性原则是紧密相连的，专门机关考评制度的出台、规范和完善应当符合合理性要求，应当契合我国刑事诉讼司法实践的基本状况、基本形态，应当因地制宜、因部门制宜，充分考虑到公检法三机关权能运行的基本规律和特点，充分考虑到同一机关内部不同业务部门之间业务运行的规律和特点，同时还要考虑到业务部门和综合部门业务性质的差别以及工作性质的差别等，合理予以评价和考量。而不应当不考虑公检法三机关诉讼职能和业务的差别、不考虑同一机关内部业务部门的差别、不考虑业务部门和综合部门的差别，整齐划一、机械地制定统一的考察评价指标和体系，这样考评出来的结果必然是不合理、不科学的，当然也就难以发挥该制度应有的规范、提高和激励的作用。

五、平衡原则

平衡原则也是刑事诉讼专门机关考评制度设立和运行过程中的重要原则。从理论上把握，考评制度运行过程中要考虑如下几个平衡点：首先是公检法三机关考评的平衡。由于三机关在刑事诉讼中的地位、作用和职能不同，在程序的运行过程中也出现了很大的差别。因此，三机关的考评制度，包括考评指标、考评因素甚至考评的方式方法必然会存在一定程度的差别，这当然也就存在一个考评平衡的问题。其次，从纵向的角度看，还涉及公检法本系统的考评平衡问题。例如，公安部每年要对全国的公安机关的业绩状况进行考评，最高人民检察院、最高人民法院要对本系统的下级院进行考评，上级公安机关、法院、检察院要对下级公安机关、法院、检察院进行考评。无论是公安机关还是检察机关和法院，由于各地的案件数量、公安司法机关的人员数量和素质等因素的影响，各地实际工作的业绩也存在较大的差别，如何合理平衡和考量上述因素，以便于对本系统的各级机关作出合理的评价就成为考评过程中绕不开的问题。再次，考评还涉及每一个公检法机关的内设机关的考评平衡问题。以公安机关为例，各级公安机关内设刑侦部门、经侦部门、交警部门、治安部门、人口管理部门等业务部门以及政治部、“110”指挥中心、研究室、装备部门等综合部门，不同的部门工作性质、业务范围、运行方式方法存在很大的差别，如何合理平衡、科学评价这些部门的业绩就成为公安机关内部考评的重点和难点。这必然会涉及两个平衡问题：一是业务部门与综合部门的考评平衡问题，二是业务部门之间的考核平衡问题。法院、检察院内部考评同样存在这个问题。最后，考评还涉及定性指标和定量指标的平衡问题。在我国刑事诉讼专门机关的以往考评过程中，定性指标和定量指标是并存的。例如破案率、办案数、发改率、不起诉率等都属于定量指标，而实践的创新考评、亮点考评等则实际上是一种定性考评，如何合理平衡不同性质和特点的评价指标的考评权重和作用也是专门机关考评制度制定过程中必须高度重视的内容。

六、定性与定量相结合原则（全面评价原则）

刑事诉讼专门机关业绩考评的基本指标包括定量指标和定性指标。定量指标如破案率、批捕率、起诉率、无罪判决率、受案数、结案数等指标，而定性指标则比如理论研讨及创新工作考核、判后回访及跟踪帮教工作考核、审判信息公开工作等。另外，就案件质量问题，最高人民法院2011年3月曾下发《关于开展案件质量评估工作的指导意见》，在该意见中，对于案件质量的评估既涉及定量指标，也涉及定性指标。例如该意见第7条规定：“评估指标体系根据审判工作管理需要，划分为审判公正、审判效率、审判效果3个二级指标，二级指标由31个三级指标组成。”第8条规定：“审判指标11个，由立案变更率、一审案件陪审率、一审判决改判发回重审率（错误）、二审改判发回重审率（错误）、二审开庭审理率、对下级法院生效案件提起再审率、生效案件改判发回重审率、对下级法院生效案件再审改判发回重审率、再审审查询问率（听证）、司法赔偿率、裁判文书评分组成。”而审判效率指标和审判效果指标又分别由10个量化指标组成。其中也有一些定性指标，例如社会满意度等。可见，专门机关业绩考核过程中，定量指标和定性指标并存。从考核的内容来看，量化指标的内容更多，更易于考察评价，而定性指标则往往存在一定的主观性，权重上相对较小。但从全面科学准确评价的角度审视，定性指标和定量指标两者都是不可或缺的，必须予以高度重视，科学评价。

七、效率原则

效率是现代司法的基本价值，也是刑事诉讼专门机关的基本诉讼追求，同时还是刑事诉讼专门机关业绩考评制度设置的基本原则之一。仅就业绩考评制度而言，效率价值本身就是刑事诉讼考评的重要内容，例如考核内容中对审限问题、超期羁押等问题的关注。另外，从考评制度设立的目的而言，该制度设立的一个基本目的是要最大限度促进效率价值的实现，包括两方面内容：一是在法定期限范围内尽快终结刑事诉讼，迟来的正义为非正义；二是以较少的司法投入获得尽可能多的司法产出，即司法资源的优质高效配置问题。效率指标既然是刑事诉讼业绩考评制度的重要内容，当然应最大限度地贯彻效率原则。

八、与时俱进原则（原则性与灵活性相结合原则）

1979 年我国颁布《刑事诉讼法》和《刑法》后，公检法三机关逐步建立本机关的业绩考评制度，但该制度从诞生之初直到今天，并不是处于僵化不变的状态，而是随着我国刑事法治的不断发展，与时俱进，不断作出调整变化。特别是近年来，理论界和实务界对于刑事诉讼专门机关业绩考评制度对整个刑事诉讼活动的影响有了更深刻的认识。刑事诉讼专门机关业绩考评中的一些不科学、不合理因素对整个刑事诉讼活动的消极影响日益凸显，实践中的撤案难、够罪即捕、不起诉难、无罪判决难、错案难纠以及疑罪从有现象都与考评制度有着千丝万缕的联系，中央政法委、最高人民法院、最高人民检察院、公安部等都对考评制度高度重视并适时地作出了调整。例如最高人民法院于 2013 年 12 月党组会上明确提出：“为了更好地贯彻中共十八大和十八届三中、四中全会精神，根据人民法院审判工作面临的新形势新情况和人大代表、政协委员建议，以及全国各级法院的要求，更好地尊重司法工作规律，尊重法官主体地位，进一步调动广大法官办案积极性，最高人民法院党组研究决定：取消对全国各高级人民法院的考核排名；除依照法律规定保留审限内结案率等若干必要的约束性指标外，其他设定的评估指标一律作为统计分析的参考性指标，作为分析审判运行态势的数据参考；坚决杜绝以保证结案率为由，年底不受理案件的做法；各高级人民法院要按照最高人民法院的要求，取消本地区不合理的考核指标。”① 2015 年 1 月中央政法委工作会议上，中央政法委要求："中央政法各单位和各地政法机关今年对各类执法司法考核指标进行全面清理，坚决取消刑事拘留数、批捕率、起诉率、有罪判决率、结案率等不合理的考核指标。建立科学的激励机制，落实办案责任，加强监督制约。”② 根据中央政法委的会议精神，各地逐渐取消了拘留数、批捕率、起诉率、有罪判决率、结案率等不合理的考核指标，规范和完善了各地的考评制度，更加注重对于刑事诉讼实践中的一些具体数据的科学分析，评价更加科学、更加理性，并且公检法也不再根据上述指标进行排名，考评结果的运用也逐渐趋于理性。

可见，我国的刑事诉讼专门机关考评制度呈现出一种与时俱进的司法态势，其中的一些不科学、不合理因素逐步被剔除和修改，考评制度对刑事诉讼活动的积极作用逐步被较大限度地挖掘，消极影响受到遏制和纠正，与时俱进也是考评制度规范和完善的重要原则。

第三节 刑事诉讼专门机关业绩考评制度的基本内容

刑事诉讼三机关业绩考评内容由于受公检法三机关的诉讼职能、诉讼权力、诉讼手段和权力运行机制等因素的影响，考评的内容也就必然存在

---

① 马学玲：《最高法决定取消对全国各高级人民法院考核排名》，http://news.china.com.cn/2014-12/27/content_34420125.htm，2019 年 10 月 27 日。

② 陈菲、邹伟：《政法机关今年全面清理执法司法考核指标有罪判决率、结案率等将取消》，http://www.gov.cn/xinwen/2015-01/21/content_2807677.htm，2020 年 4 月 16 日。

一定的差异和不同。例如公安机关的考评主要围绕着破案率、批捕率、起诉率、无罪判决率等内容进行。按照吴健雄教授的研究，检察机关业务考评制度的内容主要体现在五个方面：一是定量考评，即对办案数量的考查评定。二是定性考评，即对办案质量的考查评定。三是创新考评，即对机制创新的考查评定。四是问题考评，即对执法工作中的问题进行考查评定。五是“亮点”考评，即对争先创优的结果进行考查评定。[①] 法院的业绩考评虽然也可分为定性和定量两部分内容，但与公安机关和检察机关又存在很大的不同。根据2011年最高人民法院下发的《关于开展案件质量评估工作的指导意见》，法院案件评估指标体系根据审判工作管理的需要，划分为审判公正、审判效率、审判效果3个二级指标，二级指标由31个三级指标组成。“其中反映案件审判是否公正的指标如一审案件陪审率、生效案件改判发回重审率等11个，反映案件审判质量是否高效的指标如法定（正常）审限内结案率、结案均衡度等10个，反映案件审判是否取得良好法律与社会效果的指标如一审服判息诉率、调解案件申请执行率、公众满意度等10个。”[②] 上述指标仅仅是法院案件质量评估的基本指标。可见，三机关在考评内容和考评项上存在较大差别。综合三机关考评文件，刑事诉讼专门机关的考评主要涉及如下内容。

一、办案数量考评

办案数量考评是最早也是最基础的考评内容和指标，也是最容易把握和衡量的指标。刑事诉讼专门机关考评制度形成的初期，办案数量考评在其中发挥了重要作用。笔者曾于1991年大学本科毕业后分配到山东省高级人民法院刑事审判庭工作了13年，当时每年年终考评的时候，一个最重要的依据和指标就是办案数量，通常办案数量最多的法官会首先被确定为立功人

---

① 参见吴健雄：《检察业务考评制度的反思与重构——以检察官客观公正义务为视角》，载《法学杂志》2007年第6期。

② 宗边：《最高法院发布案件质量评估工作指导意见》，https://www.chinacourt.org/article/detail/2011/03/id/443706.shtml，2019年11月10日。

员，其次是先进工作者和优秀共产党员。这种考评指标的确定既简单又相对公平，但也有一定的缺陷。由于案件与案件之间有时往往会存在一定差别，简单普通的死刑案件一般都有四本以上的卷宗材料，而重大复杂的案件则可能有多个被告人，有数量巨大的卷宗材料，有的甚至有上百本、数百本，而这些案件仅仅从阅卷的角度就工作量巨大，加之证据分析、形成阅卷笔录、提审、调查等工作，工作量相对于那些事实清楚、证据充分的普通刑事案件要大得多，办这样一起案件可能相当于多起普通的简单刑事案件。仅仅根据办案数量进行考评就很难准确、合理地反映出法官的工作量和业绩。

除了办案数量以外，以往的考评还进一步细化了一些数量方面的要求。例如某省《2015 年检察业务核心数据考评指标标准》规定，侦查监督业务考评设计的数量和分值除了涉及人均办理审查逮捕案件数外，还涉及人均监督立案案件判处有期徒刑以上刑罚人数（最高评价分 20 分）、人均监督撤案案件数（最高评价分 20 分）、人均纠正漏捕判处 3 年以上刑罚人数（最高评价分 20 分）、人均办理书面纠正违法案件数（最高评价分 15 分）。而公诉业务总分为 100 分，权重 65 分，除了人均受理案件数外，还包括人均案件审结数（最高评价分 20 分）、人均纠正遗漏同案犯人数（最高评价分 20 分）、人均抗诉案件数（最高评价分 20 分）、人均法院采纳抗诉意见件数（最高评价分 20 分）等指标。这些指标进一步细化了案件数量的内容，使考核涉及的内容更具体、更细致。

数量考评对于公安机关而言，也是早期极为重要的考评指标，办案数量的考评简单、明确，易于操作和计算，是刑事诉讼专门机关考评公安司法人员和公安司法机关的重要指标和基本内容。

二、率的考核

率的考核是以往刑事诉讼专门机关业绩考评的重要内容，其更多适用于对机关的考评。常见的涉及率的考评指标有破案率、批捕率、起诉率、不起诉率、有罪判决率、无罪判决率、二审发改率、再审改判率等。例如某省高级人民法院《2014 年度中级人民法院考核办法》对审判执行工作的考核包括：（1）服判息诉率，包括一审案件服判息诉率、二审案件服判息诉率，其中一审案件服判息诉率又包括中级法院一审案件服判息诉率和基层法院案件一审服判息诉率；（2）调解撤诉率，主要涉及民事案件；（3）上诉改判率；（4）上诉发回重审率；（5）再审改判率；（6）再审发回重审率；（7）法官年人均结案率。同时，根据该规定，少年审判工作考核涉及圆桌审判法庭设置率、社会调查制度实施率、法定代理人出庭率、庭审教育率、未成年人案件的专门陪审员参审率等。以上这些内容在中级法院对基层法院的考核中沿用并进一步细化。

三、具体司法行为和事项的考核

具体司法行为和事项的考核涉及刑事司法的方方面面，内容较为详细。仍以某省《2015 年检察业务核心数据考评指标标准》为例，其规定公诉业务总分为 25 分，普通刑事案件办案质量被细化为 15 个减分项，包括：（1）未依法告知当时诉讼权利义务，未依法听取当事人及其法定代理人、辩护人、诉讼代理人意见，未依法进行讯问、询问，每处减 0.1 分；（2）应当提出案件管辖异议而未提出，提起公诉后，法院将案件退回或改变管辖的，每件减 0.2 分；（3）应当依法排除的非法证据未排除的，同步录音录像审查不细导致非法证据未排除的，每处减 0.5 分；（4）对瑕疵证据未依法补强的，对证据缺少必要的分析论证的，每处减 0.1 分；（5）退回补充侦查审查文书不全，退查事项未列明的，未及时监督案件补查情况的，每处减 0.1 分；（6）延长审查期限手续不全的，每件减 0.1 分；（7）超过法定办案期限造成犯罪嫌疑人超期羁押，每人减 0.5 分；（8）未依法进行羁押必要性审查，适用强制措施错误或明显不当的，每处减 0.1 分；（9）认定事实错误，适用法律不当，起诉罪名明显不当，处理决定不当，每处减 0.5 分；（10）引用法律条文不准确，每处减 0.1 分；（11）检察机关应当依法提起附带民事诉讼而未提起的，每件减 0.1 分；（12）没有依法变更起诉、追加起诉、补充起诉，或者变更起诉、追加起诉、补充起诉明显不当的，每处减 0.2 分；（13）未依法提出处理涉案财务意见的，每件减 0.2 分；（14）因严重违反法定程序，引发涉检信访或涉检舆情的，每件减 0.2 分；（15）其他应当进行的法定或者规定程序事项没有进行的，每处（件）减 0.1 分。对于公诉法律监督情况，该规定列举了 4 项内容：（1）未依法追诉漏罪、漏犯的，每遗漏一项罪名或遗漏一人减 0.2 分；（2）应抗诉而未抗，应提请抗诉而未提请，不符合抗诉条件而抗诉的，每件减 0.2 分；（3）对其他侦查活动违法情形、审判活动违法情形应监督而未监督、监督错误的，每处减 0.1 分；（4）弄虚作假的，每处减 0.5 分。同时对于不起诉案件，该规定列举了不起诉错误情形，对于这些情形，每处减 0.2 分，这些情形包括：（1）对本院没有管辖权案件作出不起诉决定的；（2）对应提起公诉的案件或者不符合不起诉法定条件的案件作出不起诉决定的；（3）对定罪的证据确实、充分，仅是影响量刑的证据不足或者对界定此罪与彼罪有不同认识的案件，依照刑事诉讼法第 171 条第四款作出不起诉决定的；（4）适用法律条文错误的；（5）经审查不起诉决定确有错误，被上级院依法撤销的。

另外，该规定还列举了不起诉质量不高的扣分情形、特殊程序案件的扣分情形，以及无罪案件、撤回起诉案件的扣分情形等考评事项。关于无罪案件、撤回起诉案件的扣分情形和不扣分情形尤其值得关注和研究，主要包括下面几个子项：（1）因工作原因导致自侦案件出现无罪的市，一律扣除该市案件质量评查项目全部分值；因工作原因导致普通刑事案件出现无罪的市，每件案件扣 10 分；因工作原因造成被告人被撤回起诉的，每撤回一人减 1 分。（2）案件提起公诉后，因法律法规、司法解释或案件关键性证据发生变化，导致被告人被判无罪或撤回起诉的，不予减分。（3）案件提起公诉后，因法律规定不明确，或就法律的理解与使用、证据采信等问题与审判机关存在认识分歧，经省院公诉部门研究后同意办案部门有罪意见，导致被告人被判无罪或撤回起诉的，不予减分。（4）案件被判无罪且判决生效后，经省院公诉部门研究后同意办案部门有罪意见，且上级院公诉部门以审判监督程序提出抗诉的，不予减分。（5）案件被撤回起诉后，经补充事实证据后又重新提起公诉的，不予减分。除了公诉工作的详细考评事项以外，该规定还对侦查监督、监所检察、职务犯罪侦查、控诉申诉、民事行政检察等考评事项进行了详细列举。

可见，上述检察机关的考评办法详细罗列了检察业务所涉及的大量检察行为的具体考评，内容详细，烦琐复杂，这在一定程度上反映了我国刑事诉讼专门机关前些年考评制度的基本状况和基本内容。

四、专门机关业务涉及的其他事项的考核

除了上述业务事项的考核外，刑事诉讼专门机关业绩考评还涉及其他的一些相关事项的考核。例如法院的考核还涉及立案卷宗报送及时率、上诉卷宗材料的合格率、法律文书的写作质量、当庭宣判率、舆情应对、信访工作等。这些内容在各地制定的刑事诉讼专门机关考评办法中也占有一定的比重，往往也是考评的重要组成部分。由于在刑事诉讼过程中的诉讼职能、诉讼手段、诉讼行为、诉讼权利和义务等方面存在着很大的不同，侦查机关、检察机关和审判机关的考评办法和考评制度存在着一定的差别。

第四节　刑事诉讼专门机关业绩考评的基本程序和方法

刑事诉讼专门机关的业绩考评在程序上比较复杂，主要涉及考评的主体、考评的标准、考评的基本程序、考评结果的实际效用、考评结果不服的救济等程序性内容。当然，就侦查机关、检察机关和审判机关而言，三机关在考评的程序上也存在一定的差异，各机关的具体情况将在随后的章节中加以研究，这里仅仅从总体上概括一下专门机关的考评程序。

一、考评的主体或者机构

在我国实践中，刑事诉讼专门机关的业绩考评是多元的。首先，各级党委机关包括各级政法委员会在每年年终的时候通常要进行评比，根据各个机关的具体业绩情况对各个政法机关和公安司法人员进行专门表彰，这时考评的主体就是各级党委及其政法委员会。其次，上级人民政府和同级

人民政府也会就政法工作的一些相关事项进行评价和表彰，这时考评的主体就是各级政府。再次，上级公检法机关通常会根据拟定的考评办法，依法对下级公检法机关的本年度业绩情况进行表彰奖励，包括对机关的表彰奖励和对个人的表彰奖励。这种表彰通常会成为工作人员晋升提拔、增加工资福利的重要依据。然后，公检法机关内部也要在年终的时候进行考评并表彰奖励。最后是其他机关和群众组织的考评。例如各级工会、妇联、共青团组织等会根据一定的考评办法和评比标准，对涉及本部门权力范围的事项进行表彰奖励，这实际上也涉及业绩考评的问题。就本书而言，笔者的研究范围和内容仅仅限于侦查机关、检察机关和审判机关的上级机关考评和本部门的内部考评，党政机关及共青团、妇联、工会等非刑事诉讼专门机关的考评问题不在本书研究之列。

公检法内部具体进行考评的主体问题经历了一个发展的过程，且存在着一定的差别。上级公检法机关对于下级公检法机关的业务考评，最初是由上级公检法对应的部门负责。例如上级检察院的公诉部门负责对下级检察院的公诉部门进行考评，上级法院刑庭负责对下级法院刑庭进行考评。而随着法治的发展和经验的积累，考评制度中的一些不科学、不合理因素对整个诉讼的消极影响逐渐为专门机关所认识，刑事诉讼专门机关开始对考评制度中一些内容作出调整，其中考评的主体也出现了变化。以检察机关为例，1995 年 8 月 7 日，最高人民检察院颁布了《检察官考评委员会章程（试行）》，该章程根据《检察官法》的规定，由检察院设立检察官考评委员会，负责检察官培训、考核和评议。随着案件管理中心职能的规范和完善，逐渐地将对下级检察机关的考评事务交由案件管理中心具体负责。

从法院的考评情况看，各级法院也依据《法官法》设立了法官考评委员会，具体负责法院和法官的考评工作。审判业务的考评工作交由研究室或者案件管理办公室负责，并建立了专门的考评委员会，专司考评职责。对于案件质量评估问题，最高人民法院 2011 年下发的《关于开展案件质量评估工作的指导意见》第 15 条规定：“最高人民法院案件质量评估工作由研究室负责，地方各级人民法院根据需要，可以设立或者由相应的管理机构负责。评估管理机构，负责评估指标设计、数据收集整理、评估指数编制和评估结果通报、分析等工作。”对于对应业务部门的考评，主要也是以上级业务部门的意见为主，或者直接由上级业务部门进行考评。

二、考评的基本程序

考评的程序也经历了一个发展、规范和完善的过程，公检法三机关的情形也有一定的差别。以检察机关为例，根据1995年8月7日最高人民检察院颁布的《检察官考评委员会章程（试行）》，各级检察机关虽然建立了检察官考评委员会，但对于考评的具体程序却没有在其中予以具体规定。实践中，“很多检察机关绩效考核的程序是：个人总结或述职、民主测评、部门推荐、考核委员会审核、党组审定”①。例如《安徽省市级人民检察院检察业务考评办法》具体规定了考评的目的、目标、指导思想、基本原则、总体要求、内容、范围、指标设置、方法步骤、监督、纪律、组织等内容，其中关于考评的方法步骤规定：采取季度自评与年度总评相结合的方法。② 就法院而言，对于普通法官，考评的内容包括以下几个步骤和程序：（1）研究室在考评委员会领导下制定出一套量化考评指标；（2）为每个法官建立业绩档案；（3）以审判流程管理为前提，以信息网络和司法档案为基础，由审监庭和研究室负责对每个法官具体指标的考核和登记；（4）最后根据每个法官最后的得分统计排序，在所在部门积分领先者即为本院年度先进法官。③ 在公安机关业绩考核程序方面，公安部2001年、2016年颁发的《公安机关执法质量考核评议规定》都未对考核程序作出具体规定，实践中对公安民警的考评程序与此相仿。

---

① 谢岸烨：《检察机关绩效考核制完善》，载《中国刑事法杂志》2009年第8期。

② 参见合肥省人民检察院课题组：《检察业务考评机制实证研究报告——以安徽省检察机关为视角》，载《法制与社会》2009年第8期。

③ 参见艾佳慧：《中国法院绩效考评制度研究——“同构性”与“双轨制”的逻辑及其问题》，载《法制与社会发展》2008年第5期。

第三章　公安机关业绩考评制度

公安机关作为刑事侦查机关，其业绩考评制度的形成与发展经历了一个较长的发展过程。在公安机关设立之初，上下级公安机关和公安机关内部就存在着一个评价机制，公安机关及其工作人员的立功受奖都是根据这个评价机制作出的，只不过这个评价机制比较简单，例如办案的数量统计、办案数量以外的工作量统计、办理侦破大要案的情况等。

随着我国法治的发展和对公安执法工作要求的不断提高，2001 年公安部制定并颁发了《公安机关执法质量考核评议规定》（以下简称《2001 年规定》），各省、自治区、直辖市公安机关根据该规定，结合本地情况又作了具体规定。该规定及各省、自治区、直辖市的具体规定就成为公安机关办案业绩考评的重要法律文件。

随着考评实践的不断开展，《2001 年规定》中的一些不足之处日益显现。2016 年 1 月 4 日，公安部部长办公会议通过了新的《公安机关执法质量考核评议规定》（以下简称《2016 年规定》），并于 2016 年 3 月 1 日起实行。该规定是当前我国公安机关进行执法质量考核评议的主要依据，也是公安机关业绩考评的主要内容。由于公安机关的业务范围极广，该规定的内容并不足以完全囊括实践中公安机关考评的所有内容，故各地的公安机关根据公安部的规定，结合公安工作的特点和规律，总结多年公安考评的经验，出台了许多地方公安机关的考评办法和规定，以科学合理地评价公安机关的工作业绩。同时，由于公安机关将内部考评办法作为国家秘密对待，笔者很难收集到各地公安机关现行的业绩考评办法和规定，只能将以往的一些规定作为研究的对象，结合公安部颁发的两个办案质量规定来进行研究，故而在研究的深度、广度和精准度方面都会存在一些不足之处。但好在现有的规定都是在修改完善以往规定的基础上形成的，且日常报道和交往过程中也零零碎碎了解到许多内容，两相结合，还是会有一个基本的判断和认识。

第一节　公安机关刑事诉讼业绩考评制度的基本内容

自2001年公安部制定并颁发《公安机关执法质量考核评议规定》以来，我国公安机关业绩考评的基本内容主要是围绕着执法质量展开的，公安机关的执法工作主要包括刑事司法和行政执法两部分内容。根据《2016年规定》第4条，公安机关执法质量考核评议的主要内容包括："（一）接出警执法情况；（二）办理案件情况；（三）实施行政许可、登记备案等行政管理情况；（四）执法监督救济情况；（五）执法办案场所和监管场所建设与管理情况；（六）涉案财物管理和涉案人员随身财物保管以及证物保管情况；（七）执法安全情况；（八）执法办案信息系统应用管理情况；（九）其他需要考核评议的内容。"相对于《2016年规定》，《2001年规定》则只有5项："（一）在办理刑事案件中的执法情况；（二）在办理治安案件和行政案件中的执法情况；（三）在行政管理中的执法情况；（四）在办理行政复议、行政诉讼、国家赔偿案件以及控告申诉案件中的执法情况；（五）内部执法监督工作和民警执法违法情况。"可见，相对于《2001年规定》，《2016年规定》内容更全面、更准确、更能反映公安工作实际。

根据公安部的规定，一些省、自治区、直辖市公安厅、局结合本地实际，制定了适用于本省、自治区、直辖市的公安机关执法质量考核评议规定，有的地方还进一步制定了实施细则。由于一些地方公安机关有保密要求，笔者并没有获取到地方公安机关的书面规定，但通过网络检索到《辽宁省公安机关执法质量考核评议规定》《山东省公安机关执法质量考核评议实施细则》《山东省公安机关执法质量考核评议评分标准》《河北省公安机关网上执法考核评议评分标准（试行）》等规范性文件。[①] 笔者将根

① 笔者对这几份规定专门进行了核实，这几份规定曾经的确是当地公安机关的执法质量考评标准，但现在已经不再适用。

据公安部的新旧规定，结合这几个省份的实施细则和评分标准展开论述。从执法质量考核评议的主要内容看，各省、自治区、直辖市根据公安部的规定制定的考核评议规定，主要是围绕着公安部规定的考核评议内容进行的。例如《辽宁省公安机关执法质量考核评议规定》将执法办案考核评议的内容规定为10项，包括执法基础工作情况，民警掌握法律知识情况，刑事案件侦办情况，行政案件办理情况，行政许可办理情况，复议、诉讼、赔偿案件办理情况，羁押情况，信访事项办理情况，开展执法监督工作情况以及需要考评的其他事项。山东省的办案质量考核评议实施细则和评分办法则是将公安机关执法的具体事项分值化，具体规定了如何从分值上进行评定考核等内容。

笔者对于公安机关执法质量考核评议的研究也主要从刑事诉讼的角度展开。根据公安部《2001年规定》，公安机关刑事诉讼执法质量的考评内容主要体现在该规定第4条第1项，同时，为了细化第1项规定的内容，该规定设定了公安机关刑事诉讼活动的规范化要求或者基本标准，该规定第6条规定："办理刑事案件应当达到以下标准：（一）依法保护当事人的合法权益，无刑讯逼供、暴力逼取证人证言、滥用警械武器等情形；（二）依法保障律师正常的执业活动，无违反规定拒绝、阻碍律帅依法为当事人提供法律咨询、代为申诉、控告、申请取保候审和会见在押当事人的情形；（三）依法适用、变更和执行刑事强制措施和侦查措施，无滥用强制措施、超期羁押以及非法冻结、扣押等情形；（四）依法收取、保管、退还、没收取保候审保证金，无乱收及非法处理保证金的情形；（五）依法提请逮捕，无应当报捕而未报捕，导致检察机关在审查批捕时要求增捕重大犯罪嫌疑人的情形；（六）依法审查批准暂予监外执行，无放纵罪犯的情形；（七）在办理经济犯罪、财产犯罪案件中，无非法插手经济纠纷或对经济犯罪、财产犯罪故意降格处理以及乱罚款、乱收办案费等情形。"由于刑事诉讼还涉及未决羁押问题，而我国的取保候审比例相对较低，这也就意味着公安机关侦查的刑事案件的大多数犯罪嫌疑人都被关押在看守所或者少管所，故未决羁押问题也是作为刑事诉讼专门机关的公安机关业绩考评的重要内容。关于该项内容，《2001 年规定》也给出了具体标准，第 9 条规定：“在看守所、拘役所、治安拘留所、收容教育所、强制戒毒所、留置室等场所管理工作中，应当达到以下标准：（一）无在押人员、执行对象行凶、自杀的情形；（二）无在押人员、执行对象脱逃的情形；（三）无体罚、虐待在押人员、执行对象的情形。”另外，《2001 年规定》的第 5 条还对公安机关办理各类案件提出一个质量方面的总要求。该条规定：“公安机关办理各类案件的基本要求：（一）依法受理案件，如实立案；（二）执法主体合法，符合管辖范围规定，无越权办案的情形；（三）案件事实清楚，证据确实充分；（四）调查取证合法、及时、客观、全面，无篡改、伪造、隐瞒、毁灭证据以及因故意或者严重过失导致案件证据无法取得等情形；（五）定性及适用法律、法规、规章准确，量处适当，无违法撤销案件、升格或降格处理，以及应当处罚而不予处罚、不应当处罚而予以处罚等情形；（六）适用强制措施、侦查措施、调查措施法律手续完备，程序合法；（七）法律文书规范、完备，案卷装订规范。”各省的规定则是根据上述规定，具体设定了分支和增减分项，以便于统计分析。

《2016 年规定》对《2001 年规定》作出较大修改，其中关于刑事诉讼业绩考评问题，没有再具体规定办理刑事案件要求达到的基本标准，而是将刑事案件、治安案件、行政执法案件等统一规定在一条法律条文中，并设定了一个标准。《2016 年规定》第 6 条规定：“办理案件应当达到以下标准：（一）受案立案及时、合法、规范；（二）执法主体合法，并具备相应的执法资格；（三）案件管辖符合规定；（四）案件事实清楚，证据确实充分，程序合法；（五）调查取证合法、及时、客观、全面；（六）定性及适用法律、法规、规章准确，量处适当；（七）适用强制措施、侦查措施、作出行政处理决定符合规定；（八）执行刑罚、行政处理决定符合规定；（九）依法保护当事人的合法权益，保障律师执业权利；（十）案件信息公开符合规定；（十一）法律文书规范、完备，送达合法、及时，案卷装订、保管、移交规范。”同时还增加了接处警标准、执法办案场所和监管场所建设和管理标准、涉案财物和涉案人员随身财物代为保管标准、执法安全标准等标准化规定。

根据上述规定，结合几个省的实施细则内容，笔者认为，公安机关作为刑事诉讼专门机关，刑事诉讼业绩考评的主要涉及以下几项内容。

一、立案考评

立案考评包括违背规定的情形，主要涉及不应当立案而立案和应当立案而不立案两种情形。公安部新旧规定都对立案问题作出了规定，要求“依法受理案件，如实立案”，“受案立案及时、合法、规范”。从公安机关考评的角度看，立案的考核评价主要有以下几个功能和作用：首先，立案的案件数量可以衡量和评价公安机关和公安人员的工作量大小，当然这需要对比最终的办结案件数量。其次，立案案件数量的统计和考评还可以衡量和评价公安机关的破案数量。在以往很长一段时间的公安机关考评过程中，破案数、破案率都是一个重要的指标，它一定程度上能够衡量公安机关和公安人员的工作量大小和工作成效。当然，随着法治的发展和我们对于诉讼规律和特点认识的不断提高，过分强调和重视破案率所带来的负面作用和影响也逐渐为人们所认识。2015 年，中央政法委下发文件要求取消对破案率、起诉率等指标的考评，公安机关据此已经取消了对破案率的考评，但对于立案数量和破案数量的统计和分析仍具有重要的意义。再次，立案问题的考评也是确定公安机关是否存在应当立案而不立案或者不应当立案而立案问题的重要参照指标。就当前侦查立案而言，最突出的问题就是不应当立案而立案和应当立案而不立案问题。就笔者看来，不应当立案而立案问题多年来一直显得极为突出。前些年，公安部曾经三令五申，严禁公安机关插手经济纠纷①，其原因是当年公安机关通过刑事立案

① 早在 1989 年，公安部就下发了《关于公安机关不得非法越权干预经济纠纷案件处理的通知》，后来又在多个法律文件中不断重申这一要求。

插手经济纠纷的问题非常严重，而这个问题产生的主要原因之一就是公安机关没有把好刑事立案关，将一些经济纠纷案件作为刑事案件立案侦查，采用刑事手段解决经济纠纷。最后，立案后如果发现犯罪嫌疑人的行为不构成犯罪或者事实不清、证据不足的，应当及时撤销案件。立案后撤销案件的问题也是考评的重要内容，只不过在公安机关的考评项中属于减分项。例如《2001 年规定》第 6 条第 7 项中就提到“违法插手经济纠纷”问题。《辽宁省公安机关执法质量考核评议规定》第 8 条规定：“有下列情形之一的，每个执法问题扣分值为 1 分：(1) 侦查机关责令公安机关立案侦查、公安机关最终立案侦查的；(2) 案件不应当撤销而撤销或不应立案而立案的……”《河北省公安机关网上执法考核评议评分标准（试行）》第 5 条则规定：“刑事案件不依法受理、立案，按照以下规定评分……（二）明显应当刑事立案而不立案或明显不应当立刑事案件而立案的，每起扣 30 分……”

二、刑事强制措施适用情况考评

这是公安机关办案质量考评的重要内容，也是涉及条文内容比较多的考评内容。关于强制措施适用的考评，《2001 年规定》第 6 条的 7 项内容中有 4 项涉及强制措施适用，即“（三）依法适用、变更和执行刑事强制措施和侦查措施，无滥用强制措施、超期羁押以及非法冻结、扣押等情形；（四）依法收取、保管、退还、没收取保候审保证金，无乱收及非法处理保证金的情形；（五）依法提请逮捕，无应当报捕而未报捕，导致检察机关在审查批捕时要求增捕重大犯罪嫌疑人的情形；（六）依法审查批准暂予监外执行，无放纵罪犯的情形”。可见，公安机关对于刑事案件办案质量的考评重点放在了强制措施的规范使用上。《2016 年规定》涉及强制措施问题的主要是第 6 条第 7 项，该项规定的内容是“适用强制措施、侦查措施、作出行政处理决定符合规定”。但在地方公安机关的规定中，刑事强制措施的适用规范与否则成为考评的重要内容。例如《山东省公安机关执法质量考核评议评分标准》对于拘传、取保候审、监视居住、拘留、逮捕等强制措施的适用都详细列举了减分项。仅以取保候审为例，该评分标准第 14 条规定：“采取取保候审强制措施时，有下列情形之一的，每人减 5 分：（一）不应采取取保候审而取保候审的；（二）对同一案件中的同一犯罪嫌疑人既采取人保又采取财保措施的；（三）取保候审保证金没有实行银行代收的；（四）对违反取保候审规定情节严重的犯罪嫌疑人，应当提请逮捕而没有依法提请逮捕的。”第 15 条进一步就取保候审问题作出了规定：“采取取保候审强制措施时，有下列情形之一的，每人减 15 分：（一）取保候审期间没有开展任何侦查工作或有案件线索而没有追查的；（二）违反规定收取取保候审保证金的；（三）不依法退还保证金的；（四）取保后到期不解除的。”另外，第 18 条还规定：“取保候审、解除取保候审、监视居住、解除监视居住，未及时通知负责执行的公安派出所的，每人减 1 分。”该评分标准还对其他强制措施详细规定了减分项。由于强制措施适用的正当与否直接关涉到公民的人身自由，直接体现刑事诉讼人权保障的状况如何，且司法实践中强制措施的适用存在很多问题，故公安部和地方公安机关在执法办案质量考评过程中对其予以高度关注具有理论上的合理性和实践上的必要性。

三、强制性侦查行为的考评

强制性侦查行为是我国刑事诉讼法囊括内容颇多且对整个侦查程序发挥重要影响的诉讼行为，包括讯问犯罪嫌疑人、询问证人和被害人、搜查、扣押、鉴定、查询、冻结、辨认、通缉、侦查实验等等。在强制性侦查行为的适用过程中，一旦适用不当，极易侵犯被追诉人的基本人权。公安部的考评规定和地方的考评办法都对此予以了高度关注。《2001 年规定》关于办理刑事案件标准要求中的“强制措施、调查措施”主要涉及的就是强制性侦查行为。另外，强制性侦查行为的适用主要目的在于获取诉讼证据，所以，它与诉讼证据的获取联系紧密。《辽宁省公安机关执法质量考核评议规定》第 8 条关于刑事案件侦办情况的考评中，考评标准第 1 项规定："违反法定程序，法律手续不完备的。包括：……讯（询）问笔录未经犯罪嫌疑人、被害人、证人核对或者未逐页签名（盖章）、捺手印；对有正当理由作鉴定的案件未作鉴定；未在指定的医院、鉴定机构鉴定；鉴定结论无鉴定人签名、盖章；侦查终结的案件未制作结案报告；其他违反法定程序、法律手续不完备的情形。"这其中就涉及强制性侦查行为不规范、不完备而予以扣分的情形。《山东省公安机关执法质量考核评议评分标准》用大量条文规定了强制性侦查行为违法违规扣分的情形。例如第 30 条规定："在第一次讯问犯罪嫌疑人时或对其采取强制措施之日，未将《犯罪嫌疑人诉讼权利义务告知书》交犯罪嫌疑人的，每人减 2 分。"第 31 条规定："一名侦查人员进行讯问或询问的，每次减 5 分。"第 32 条规定："讯问未成年的犯罪嫌疑人、证人、被害人的，除有碍侦查或者无法通知的情形外，未按规定要求通知其家长、监护人或者教师到场的，每人减 2 分。"另外，该评分标准还规定了违法扣押、查询、鉴定、辨认等行为的扣分情况。

四、证据收集和使用情况的考评

证据是诉讼的关键和基础，在整个诉讼过程中发挥着不可替代的作用。证据收集和运用情况是公安机关办案质量的关键影响因素，故对其的考评就成为公安机关办案质量考评的重要内容之一。公安部新旧规定中也都将证据的收集和使用问题纳入办案质量考评内容中。《2001 年规定》第 5 条关于公安机关办理各类案件的基本要求中明确提出要做到"案件事实清楚，证据确实充分"，"调查取证合法、及时、客观、全面，无篡改、伪造、隐瞒、毁灭证据以及因故意或者严重过失导致案件证据无法取得等情形"。《2016 年规定》第 5 条接处警标准中规定"现场取证及时、全面"；第 6 条第 4 项规定"案件事实清楚，证据确实充分，程序合法"，第 5 项规定"调查取证合法、及时、客观、全面"。地方公安机关的考评办法则将上述规定予以细化。《辽宁省公安机关执法质量考核评议规定》第8条中，考评标准第3项规定："有下列情形之一的，每个执法问题扣分值为3分：……（2）违法取证或者篡改、伪造、隐瞒、毁灭证据的；（3）因侦查人员故意或严重过失导致案件证据无法取得的……"《山东省公安机关执法质量考核评议评分标准》也规定了许多关于证据的内容。例如第45条规定："违法取证或故意收集、制作、提供虚假证据或隐匿、伪造、销毁证据的，每处减50分。"第46条规定："有条件取证没有及时收集、提取、保存证据，影响诉讼或造成其他影响的，每起减50分。命案侦破后，因事实不清、证据不足导致检察机关不起诉或审判机关判决无罪的，每起减100分。"

五、未决羁押违法情形的考评

未决羁押是刑事诉讼拘留、逮捕措施适用的必然结果，也是我国刑事诉讼存在问题比较多的一个领域。由于我国刑事诉讼过程中取保候审的适用比例相对较低，这也就意味着绝大多数的犯罪嫌疑人会被羁押在看守所中，而看守所在行政隶属关系上属于公安机关管理，是公安机关的一个职能部门。因此，未决羁押行为的合法性、规范性等问题就成为衡量公安机关执法办案质量的重要内容。《2001年规定》在第6条关于办理刑事案件的标准中第3项涉及未决羁押的问题，该项规定："依法适用、变更和执行刑事强制措施和侦查措施，无滥用强制措施、超期羁押以及非法冻结、扣押等情形。"该规定第9条专门就未决羁押等问题设定了标准："在看守所、拘役所、治安拘留所、收容教育所、强制戒毒所、留置室等场所管理工作中，应当达到以下标准：（一）无在押人员、执行对象行凶、自杀的情形；（二）无在押人员、执行对象脱逃的情形；（三）无体罚、虐待在押人员、执行对象的情形。"《2016年规定》又将该部分内容归结到执法安全标准中并加以明确，第11条规定："执法安全应当达到以下标准：（一）无因违法使用警械、武器造成人员伤亡等情形；（二）无因故意或者过失致使被监管人员、涉案人员行凶、自杀、自伤、脱逃等情形；（三）无殴打、虐待或者唆使、放纵他人殴打、虐待被监管人员、涉案人员等情形；（四）无其他造成恶劣影响的执法安全事故。”各地公安机关根据公安部的规定，也将未决羁押问题纳入考评范围。

六、批捕率、起诉率、有罪判决率的考评

这几项考评内容根据2015年中央政法委的文件已经取消，但在此之前，不少地方的公安机关在考评过程中都将上述内容纳入其中，并且都在其中占有极高分值。例如2006年《辽宁省公安机关执法质量考核评议规定》第8条刑事案件侦办情况的考评中，考评标准第4项规定了报捕批捕率，即被考评单位在考评年度内向检察机关提请批准逮捕的犯罪嫌疑人总数中，检察机关批准逮捕人数所占的比率应达到90%，低1个百分点扣1分。第5项规定了报诉转诉率，即被考评单位在考评年度内移送检察机关审查起诉的犯罪嫌疑人总数中，检察机关决定提起公诉人数所占的比率应达到90%，低1个百分点扣1分。

除此之外，公安机关刑事诉讼业绩考评还涉及其他一些内容，如因刑事案件上访的情况、补充侦查的情况等。这些考评内容基本涵盖了公安机关刑事侦查中的所有强制措施和强制性侦查行为、侦查机关的所有诉讼行为以及与之相关的行为，面广量大，细致具体。从实践层面看，由于考评结果与公安机关和公安人员利害攸关，考评制度和办法一定意义上已经成为公安工作的重要风向标和参照依据。

第二节　公安机关考评的基本程序

根据公安部《2001年规定》和《2016年规定》，结合地方公安机关执法办案质量考评办法的规定，公安机关刑事诉讼业绩考评已经建立了一套规范具体的程序，包括考核的主体、考核的办法、考核的事项、考核结果

的应用以及考核结果异议制度等。

一、考核的主体

公安机关业绩考评的考核主体主要是负责对下级公安机关和本机关进行考核的机关和单位。根据公安部《2001 年规定》和《2016 年规定》，考核的主体由两部分组成：第一，上级公安机关负责对下级公安机关的执法质量考核评议。《2001 年规定》第 17 条规定："各级公安机关应对下级公安机关和所属执法部门的执法情况按本规定的内容和标准进行一次全面考核评议，将考核评议结果报上一级公安机关并在本级公安机关予以通报。公安机关的其他考核评议活动应当与执法质量考核评议结合进行。上级公安机关应当对下级公安机关的考核评议结果进行复核。"《2016 年规定》第 21 条也规定："上级公安机关对下一级公安机关应当定期开展执法质量考核评议，省级公安机关对下级公安机关每年度至少进行一次全面的执法质量考核评议。"另外，这两个规定明确指出，执法质量考核评议工作应当成立以公安机关行政首长任组长，有关部门参加的考核评议领导小组，统一组织实施考评工作。执法质量考核评议领导小组办公室设在法制部门，考核评议日常工作由法制部门负责组织实施。根据上述规定，对于下级公安机关执法质量考核评议，由上级公安机关负责组织进行，上级公安机关具体负责的部门是法制部门。刑事诉讼业绩考评是其中的重要内容。第二，本公安机关负责对本机关执法质量业绩考评。根据公安部的新旧规定，对公安机关各执法部门和执法民警的执法质量考核评议，由所属公安机关组织实施。可见，公安机关考评的主体主要为上级公安机关和本公安机关，其通过设立专门的考评机构或组织完成具体的考评工作。

二、考评的基本方法

科学的考评方法是保障考评结果科学性、合理性的关键所在。《2001 年规定》第 19 条规定："执法质量考核评议采取平时考查与年度考核评议相结合的方法，年度执法质量考核评议以上年11月1日至当年10月31日为一个考评年度。”《2016年规定》在总结实践经验的基础上，增加了一些新方法。第23条规定：“执法质量考核评议采取日常考评、阶段考评、专项考评、年终考评相结合的方法。日常考评成绩作为年度执法质量考核评议成绩的重要依据。年度执法质量考核评议以本年1月1日至12月31日为一个考评年度。对执法问题的发现与处理在不同考评年度的，按照处理时间所在年度进行考评。”可见，根据《2016年规定》，考评的方法包括日常考评、阶段考评、专项考评、年终考评四种，并且上述方法要互相结合运用。

另外，为了保证考评方法的有效运用，新旧规定都要求各级公安机关要建立考评档案制度。《2001年规定》第20条规定：“各级公安机关应当建立考核评议档案，如实记载平时专项执法检查、专案调查、案件审核等工作情况，作为年度考核的重要依据。”《2016年规定》则要求各级公安机关建立网上执法档案制度，第24条规定：“各级公安机关应当为所属执法部门和执法民警建立网上执法档案，完整、准确、实时记载执法数量、执法质量、执法培训、考核结果、执法过错责任追究等情况。”

三、考核的标准

考核的标准除了公安部的规定以外，地方公安机关还根据公安部的规定对考核事项进行了量化。例如辽宁省的规定就将考评总分设定为100分，刑事案件侦办情况的考评分数为25分，并对每一具体事项设置了明确的分值。由于这部分内容前文已作过介绍，在此不再赘述。

四、执法质量考核评议结果通报和报告制度

根据公安部《2016年规定》，各地公安机关应当建立执法质量考核评议通报和通告制度。上级公安机关对下级公安机关的执法质量考核评议情况应当在本辖区公安机关内部进行通报；各级公安机关对所属执法部门、

执法民警的执法质量考核评议情况应当在本级公安机关内部通报。下级公安机关开展年度执法质量考核评议情况应当在考评结束后一个月内报告上一级公安机关。

五、考核结果异议申诉制度

根据公安部的新旧规定，无论是被考核的公安机关还是被考核的民警，如果对考核评议结果不服，可以向负责考核评议的公安机关提出书面申诉。负责考核评议的公安机关可以根据个案情况重新组织人员复查，并将复查结果告知异议人。

六、执法质量考核评议结果的应用

执法质量考核评议结果在实践中已成为公安机关和公安人员立功受奖、晋职晋级和奖优罚劣的重要依据。《2001 年规定》第 22 条规定："执法质量考核评议结果作为衡量公安机关及其所属执法部门工作实绩的重要指标。对优秀单位予以通报表彰；连续三年被评为优秀的，对单位及主要领导给予记功、嘉奖。凡报评'全国优秀公安局'的，执法质量考核评议结果必须是优秀。对不达标单位予以通报批评，责令限期整改，取消其当年评优受奖资格；连续两年不达标的，单位行政首长应当辞职，或者由上级公安机关商请有关部门对其予以免职。"《2016 年规定》对此作出进一步明确，其中第 27 条规定："执法质量考核评议结果作为衡量公安机关及其所属执法部门、执法民警工作实绩的重要依据，并作为衡量领导班子和领导干部工作实绩的重要内容。涉及公安机关领导、执法部门的干部任用，执法民警晋职晋级以及执法工作的评优评先，应当把执法质量考核评议结果作为考核工作实际的重要依据。"同时第 28 条还规定了对于优秀者予以表彰奖励；对不达标单位和个人予以通报批评，责令限期整改，取消当年评优受奖资格；连续两年不达标的，单位行政首长应当辞职，或者由上级公安机关商请有关部门对其予以免职。可见，考评结果对于每一个公安机关及其工作人员意义重大，利害攸关。

第三节　公安机关业绩考评存在的主要问题

公安机关业绩考评制度是规范和监督公安机关依法履行侦查职能、高效完成刑事诉讼任务的重要制度，也是科学评价和衡量公安机关刑事诉讼活动成效和业绩的重要机制。自《2001 年规定》出台以来，各地公安机关结合本地方的实际情况，都制定了适用于本行政区域的公安机关执法质量考评办法，其中一项核心内容就是刑事诉讼执法办案质量的考核评价问题。公安机关刑事诉讼业绩考评制度和办法无疑有助于公安刑事诉讼行为的合法化、规范化、高效化，但其中的一些不科学、不合理规定和因素也对刑事诉讼活动产生一些消极影响或负面作用。在近年来的理论研究中，一些文章和专著也论及公安机关业绩考评办法和制度的负面影响和作用。例如有人认为当前我国公安民警绩效考核存在下列问题：（1）对绩效管理的目的认识不够明确；（2）考核方式单一，考核内容设置不合理；（3）警察考核激励机制建设后劲不足；（4）缺乏有效的沟通与反馈。[①] 有人认为，当前公安机关执法质量考核评价工作中存在的问题主要有以下几个方面：（1）考核指标及标准的设置存在明显的地区差异；（2）考核指标及标准的设置不够完善，操作性不强；（3）考核标准的确定没有很好地处理量与质的关系；（4）考核的方式不够完善。[②] 也有学者认为当前绩效考核需要纠正下列问题：（1）以绩效考核代替绩效管理；（2）绩效考核的目的性错位；（3）绩效考核的指标体系不全面；（4）绩效考核的方法不科学；

① 参见陈圆圆：《论我国公安民警绩效考核的问题、原因及对策》，载《法制与社会》2013 年第 17 期。

② 参见展万程：《公安机关执法质量考核评价研究综述》，载《公安学刊（浙江警察学院学报）》2012 年第 2 期。

(5) 绩效考核结果的反馈与应用不够。[①] 关于公安机关执法办案考评制度存在的问题，研究成果并不太多，从刑事诉讼角度对公安机关执法办案质量考核评价办法进行论述的文章更少。就笔者看来，从刑事诉讼的角度审视，我国公安机关目前的执法办案质量考评制度主要存在如下问题：

一、考核事项的片面性、有罪化

在公安机关业绩考评制度或者办法形成之初，我们就将考评的内容主要局限在惩罚犯罪上，而很少顾及对人权保障实际效果的考察评价。例如以往考评的主要指标撤案率、破案率、批捕率、起诉率、有罪判决率等，这些指标主要是从惩罚犯罪的角度作出评价，只要这些有罪化指标获得了较高的统计数值，公安机关和公安人员的业绩考评结果就会是优良的。而这些指标的设置客观上势必促使公安机关和公安人员为了取得良好的考评成绩，不遗余力地去侦破犯罪、追诉犯罪，并且不遗余力地要求检察机关和审判机关支持公安机关侦查的结果。从另一角度看，实践中就会出现公安机关和公安人员不当地注重有罪证据、罪重证据的收集，一定程度上忽视、轻视甚至漠视无罪证据、罪轻证据的收集和运用，进而可能导致无辜的人很难及时地从刑事诉讼中解脱出来，也很难摆脱最终被定罪的诉讼结局。这也是我们国家无罪判决“难产”的一个容易被忽视的原因。[②]

二、考核制度设置的部门主义倾向

根据我国刑事诉讼法的规定，刑事诉讼三机关的基本诉讼关系是分工负责、互相配合、互相制约，在三机关业绩考评制度的制定上同样必

---

① 参见夏尧江、王英毅：《完善公安机关绩效考核的若干思考》，载《公安专刊（浙江公安高等专科学校学报）》2006 年第 3 期。

② 当然，无罪判决难产的原因极为复杂，不单单是因为侦查程序存在问题，但侦查程序证据收集和运用过程中的片面性、有罪化倾向无疑是其中的一个重要原因。

须高度重视这种诉讼关系的良性互动和诉讼职能的高效运转，而不能闭门造车，自说自话。具体到公安机关业绩考评制度的设置上，必须充分考虑和关注刑事诉讼规律和刑事诉讼活动的整体性、高效化要求，而不能仅仅从公安机关一个部门的角度出发，将考评制度设置部门化、局限化，对后续的诉讼活动产生不良影响。由于公安机关作为刑事诉讼的侦查机关，其处于刑事诉讼的起始阶段，其在整个刑事诉讼过程中发挥着极为重要的作用，所有的诉讼证据几乎都是在侦查阶段收集完成的，而这些证据随后又成为审查起诉和裁判的主要依据，即侦查成效的好坏某种程度上影响甚至决定着审查起诉和审判的成效。由于侦查权直接关涉到公民的人身自由和重大的财产权，所以侦查权又受到检察权和审判权的监督和制约。检察权制约侦查权的重要手段就是侦查监督和公诉权，法院则是通过行使审判权监督和制约侦查机关。因此，公安机关在制定业绩考评制度的过程中就不能不研究和考虑检察机关和审判机关的业绩考评，就不能不考虑诉讼效能的最大化问题，即公安机关的业绩考评不能不适当地影响检察机关和审判机关的职能行使。理想的公安机关考评制度应当是与检察机关、审判机关的考评办法互相衔接、互相平衡、互相协调，而不应当是互相掣肘，甚至不适当地影响检察权和审判权的良性运转。而我国在很长一段时间的司法实践中，公安机关的考评办法中确实存在着一些不科学、不合理的因素，这些因素客观上不当地影响了检察权和审判权的理性运转。例如以往对批捕率的考评，对较高批捕率的追求客观上使得检察机关即使面对应当或者可以不批捕的案件，也不能当然决然地作出不批捕决定。再例如以往对于无罪判决率的考评，只要有一个无罪案件，根据公安机关和公安人员的业绩考评办法，就要扣除极大分值，基本上相当于一票否决，那就意味着公安机关和公安人员一年的工作白干了。这客观上导致法院在面对事实不清、证据不足、不能定罪的案件时，面临着来自公安机关的巨大压力，从而有可能出于各种因素的考量，选择疑罪从轻、疑罪从有，而不是疑罪从无。

三、考核标准和事项的整齐划一问题

公安机关既是我国刑事诉讼的侦查机关，同时又肩负着政治保卫、社会治安、交通管理、户籍和人口管理、消防安全等诸多职能。仅就刑事侦查而言，公安机关的刑警部门、经济犯罪侦查部门、交通警察部门（部分轻微的交通违法犯罪案件）等都承担着侦查职能，而未决羁押则主要由公安机关的看守所来承担。由于案件性质、复杂程度、工作量大小甚至工作的内容都存在或多或少的差别，要科学合理地考察和评价这些部门的工作是一项极为复杂且微妙的事情，如何科学合理地评价和平衡这些部门的工作就成为摆在考评制度制定者面前的一项艰难工作。实践中由于各种因素的影响，公安机关对于这些部门的考评存在着标准和事项整齐划一的问题，可能导致最终的考评结果出现了一定程度的部门不平衡、工作不平衡及评价结果合理性科学性不足的问题。

四、考察标准和事项设立的不合理性

从管理学的角度看，标准和指标的科学设置是企业绩效考核的关键点和难点所在。在企业管理过程中，绩效评价指标通常是指进行评价的维度，比如产品的数量、质量、成本等。绩效评价指标和标准共同构成了绩效目标中的主要内容。在企业管理的绩效考评中，绩效评价指标应符合SMART原则，即具体的（specific）、能够被测量的（measurable）、能够获得的（attainable）、与工作职责和组织目标相关的（relevant）、有时间限制的（time－bound）。[①] 有的企业还建立了关键绩效指标法。[②] 实践中企业更多采取量化指标，量化指标的设置方法又包括数字量化方法、时间量化方法、质量量化方法、成本量化方法、结果量化方法、行动量化方法、标准

---

① 参见顾琴轩：《绩效管理》，上海交通大学出版社2006年版，第55、62页。

② 参见吴刚：《绩效管理》，清华大学出版社2016年版，第170页。

量化方法等。[①] 在公安机关的业绩考评制度制定和考评指标设置过程中，同样要高度关注绩效考评指标设置的科学性、具体性、可行性、相关性以及时效性等因素，考评指标的设置和考评标准的确立是核心内容和关键环节。在具体指标设置上，也可采取量化指标，针对具体的诉讼行为设定一个基准分值，达不到标准的行为要被扣除一定的分值，综合累加所有考评事项的分值后，确定最终分值，将最终的分值排名作为立功受奖的重要依据。以往实践中存在着考评指标设置不合理、不科学、不规范的问题，影响到对于公安机关和公安人员的工作业绩考评，这也是公安机关不断规范和完善考评办法和机制的重要原因。

五、考核程序的正当性、规范化存在一些不足之处

公安机关业绩考评程序主要体现在各级公安机关的考评办法或者相关规定中。就公安机关业绩考评程序而言，从理论上分析，其存在如下不足之处：首先，考评程序运行的封闭性、秘密化问题。由于公安机关属于侦查机关，侦查程序运行的秘密性、封闭性、行政化特征对侦查机关的考评制度也产生了一定的影响，公安机关的考评基本上都是公安机关内部封闭运行的，外在的因素无从介入。这样势必会导致自说自话，往往更多地考虑部门的利益和特征，考评的程序就会出现外在因素介入不够，考评结果出现一定的片面性、部门性特征。其次，由于考评过程和考评程序的秘密性，实践中许多量化指标主要依赖下级公安机关和本部门公安机关自行申报，负责考评的机关和单位没有足够的时间和精力去核实，一旦出现虚报瞒报，很难被及时发现，这会导致某些考评结果有失公允，也会影响到考评基本目的的最终实现。再次，考评主体的主观性因素也可能对考评结果产生一些不当的影响。虽然考评的许多指标都进行了量化，但实践中有些指标不好量化或者很难量化，这些很难量化的指标评价可能会受到评价主

---

① 参见滕晓丽：《量化考核指标现查现用手册》，化学工业出版社2014年版，第3～6页。

体主观因素的影响，如何克服和遏制评价主体的主观因素对于评价结果的不当影响也是一个考评难题。最后，考评结果的异议或者复议制度在实践中并没有得到有效贯彻。有些被考评的对象即使对考评结果不服，也担心给上级公安机关和领导留下不良印象，不敢对考评结果提出异议，也不敢对考评结果申请复议。另外，即使提出复议，即使有道理，上级公安机关和本公安机关也很难及时回复、及时纠正不当考评结果。这些程序的缺陷和不足都一定程度上影响到了公安机关考评制度运行的实效性、科学性、合理性。

六、考核结果运用的理性化程度不足

从公安机关考评结果的实际运用来看，以往和当前的考评结果主要用于对公安机关和公安人员的年终和专项性活动的业绩评价，用于公安机关和公安人员的争先创优、立功受奖。当然公安机关也会据此了解本年度或者某次专项行动受理案件的数量、破案的数量、案件最终处理的结果等，进而作为社会治安综合治理的信息来源和判断依据，也会对于当前各级公安机关和公安干警的工作业绩、工作负担、工作实效等有一个基本判断，但更多的是用在对公安机关和公安人员的业绩评价上。公安机关的业绩考评无疑要花费一定的人力、物力和财力，甚至会牵扯一些公安机关和工作人员较大的精力，将考评结果局限于争优创先、立功受奖、晋升提拔等业绩评价是远远不够的，如何最大限度地发挥和挖掘公安机关业绩考评结果的作用和价值是当前和今后公安机关业绩考评制度规范和完善的重要内容。

七、不真实考核事项的有效发现机制和惩处机制不完善

如前所述，公安机关上下级之间的考评主要依据是下级公安机关报送的业绩材料，而下级公安机关报送材料的真实性、全面性问题，上级公安机关一般不会积极主动地调查核实，也没有足够的时间和精力去调查核

实。因此，报送材料的真实性、准确性、全面性很大程度上依赖于下级公安机关的道德自觉。由于业绩考评结果直接关涉公安机关和公安人员的立功受奖、晋升提拔等切身利益，另外还有领导政绩问题，毕竟如果考评得最后一名对谁都不是一件光彩的事情。所以，为了获得尽可能好的考评成绩和结果，难免出现虚报瞒报、弄虚作假的问题，实践中也确实出现了类似的问题。例如以往司法实践中出现的“不破不立”问题，有极少的公安机关为了达到百分之百的破案率，只对已经侦破的案件立案，先破案后立案。假如不实申报的材料不能被及时发现和甄别，客观上就会助长不实申报之风，进而导致业绩考评结果不能真实地反映公安机关和公安人员的工作状况，导致考评结果失真。这样的结果必然是谁作假虚报程度高，谁就立功受奖，谁就获得晋升提拔，考评制度设立的初衷和目的当然也就无法实现。因此，高效的虚假申报发现机制对于最终实现考评制度的目的和初衷意义重大，而在这个方面，笔者认为目前的规定还稍显不足。另外，与高效的虚假申报发现机制相配套的是严厉的虚假申报惩戒机制，虽然在公安机关内部规定的业绩考评办法中都有虚假申报的惩戒机制，但由于发现机制的实效性可能不足，惩戒机制自然也就无法发挥应有的作用。

第四节　公安机关业绩考评制度的理性化

随着我国法治进程不断加快，特别是十八届四中全会提出全面推进依法治国的重大战略部署后，从中央政法委到最高人民法院、最高人民检察院、公安部等政法机关均对以往我国司法实践中适用多年的业绩考评制度进行了反思，以往公检法等政法机关业绩考评办法中的不科学、不合理因素对我国司法活动的消极影响也引起了高度关注，特别是刑事诉讼专门机关的业绩考评办法。故 2015 年中央政法委下发文件，要求公检法机关取消对于破案率、起诉率、批捕率、有罪判决率等指标的考评。最高人民法院党组于 2014 年决定：“取消对全国各高级人民法院的考核排名，并要求除依照法律规定保留审限内结案率等若干必要的约束性指标外，其他设定的评估指标一律作为统计分析的参考性指标，作为分析审判运行态势的数据参考；坚决杜绝以保证结案率为由，年底不受理案件的做法；同时要求各高级人民法院要按照最高人民法院的要求，取消本地区不合理的考核指标。”① 公安部随之也要求各级公安机关不再对破案率、批捕率、起诉率等指标进行考评。这反映了我国刑事诉讼专门机关的考评制度和办法在与时俱进，不断地适应司法活动的规律和特征。

关于公安机关业绩考评制度的规范和完善问题，为数不少的专家学者对此予以了高度关注，并形成一系列有价值的学术成果。例如有公安人员提出在增强公安机关绩效考评科学性方面应处理好的八个关系：正确处理业务工作与政治工作的关系；正确处理中心工作与一般性工作之间的关系；正确处理创新性工作与常规性、基础性工作的关系；正确处理普遍性工作与特殊性工作的关系；正确处理长期性工作与阶段性工作的关系；正确处理上级考评与对下考评的关系；正确处理考核成果与考核过程的关系；正确处理定性考评与定量考评的关系。② 有公安人员提出公安机关的考核工作应从“考量”向考质转变。③ 有学者在分析了公安机关侦查考核制度存在问题的基础上，提出完善公安机关考核制度的具体意见：“一是完善案件当时诉讼参与机制，将犯罪嫌疑人人权保障、社会矛盾化解等纳入案件质量考核范围，充分考量各方参与者的诉求表达和利益平衡，对案件的社会效果进行评估。二是将案件测评范围由侦查延伸到判决，全面引

① 参见马学玲：《最高法决定取消对全国各高级人民法院考核排名》，http://news.china.com.cn/2014-12/27/content_34420125.htm，2019 年 10 月 27 日。

② 参见刘乃兴：《对增强公安机关绩效考评科学性的思考》，载《辽宁警察学院学报》2015 年第 2 期。

③ 参见黄文清：《公安机关考核工作应从“考量”向“考质”转变》，载《公安学刊（浙江警察学院学报）》2014 年第 1 期。

入人民检察院和人民法院对侦查工作的评价，综合评估案件的办案质量。”① 有些地方在调研的基础上，把平衡记分卡（Balance Score Card）绩效管理办法和 KPI 法（Key Performance Indicator）即关键业绩指标考核法结合起来，将绩效考评指标体系归纳为社会安定稳定、公众评价、自身建设和队伍能力建设四个维度。②

上述观点和构想都是立基于公安工作实际，对公安机关业绩考评制度规范和完善提出的设想，有的设想已经被采纳。十八届四中全会后，根据中央政法委的要求，公检法三机关逐渐取消了一些不科学、不合理的考评指标，并逐步规范和完善各自的考评制度。就公安机关的业绩考评制度规范和完善问题，笔者认为应当重点从以下几个方面做好工作：

一、考评主体的规范

根据公安部《2001 年规定》和《2016 年规定》，公安机关业绩考评的核心在于执法质量考评。考评的主体主要分为两部分：一是上级公安机关对下级公安机关的考核，包括公安部对各省、自治区、直辖市公安厅（局）以及各级公安机关的考评，简称为上级考评，考评的主体是上级公安机关。二是本公安机关内部的考评，简称为内部考评，考评的主体为本公安机关。另外，从运行的具体情况看，根据这两个规定，年度执法质量考核评议工作应当成立以公安机关行政首长任组长，有关部门负责人参加的考核评议领导小组。考核评议日常工作由法制部门负责组织实施。可见，无论是上级考评还是内部考评，考评的主体主要都是公安机关内部的人，政法机关对考评的介入较为有限。从考评结果科学性、合理性的角度出发，笔者认为，考评的主体仅仅局限于公安机关内部人员是不足的，这

① 雷鑫洪：《公安侦查考核制度存在的问题及对策研究》，载《公安教育》2015 年第 12 期。

② 参见余蕊：《公安机关绩效考评的调查与思考——以福建省部分设区市的调查为例》，载《福建行政学院学报 》2014 年第 1 期。

可能导致自说自话、闭门造车，对问题和错误揭示不足，将评价的重点放在已经取得的成绩上有失偏颇。

笔者认为，在未来公安机关业绩考评的规范和完善过程中，考评主体应当注意吸纳以下两部分人员参与：一是普通公民或者群众。公安机关的每一项执法活动都与公民利害攸关，公安机关执法效果如何，公民或者群众最有发言权，群众的评价也是最真实、最直接的，适当吸纳公民参与公安机关执法质量考评有助于促进执法质量评价的客观性、合理性、全面性。实践中，由于公民的数量庞大，文化程度、年龄、性别、职业、民族、宗教信仰等各不相同，与公安机关接触的程度和机会也各不相同，如何选择公民参与公安机关执法办案业绩考评确是一大难题。笔者认为，目前可以先试用两个途径：第一个途径是从公安机关管辖范围选择部分公民执法监督员，执法监督的条件和范围可以参照法院人民陪审员的条件和标准，平时作为执法监督员，考评时选取部分人员直接作为考评委员会成员参与考评。第二个途径是直接从基层法院的陪审员名册中随机抽取人员加入公安机关的考评委员会或者考评小组参与考评，这种方法相对简单。参与考评的公民人数可限制为2～3人。二是检察人员和审判人员。由于我国公检法三机关处于刑事诉讼的侦查、起诉、审判三个环节上，分别承担着侦查、起诉和审判三大诉讼职能，侦查的成效如何很大程度上要接受检察机关和法院的检验和确定。另外，公安机关行政执法的成效也要受到检察监督和法院行政诉讼的监督和制约。所以，对公安机关执法质量的评价，某种意义上检察院和法院是有相当的发言权的。因此，公安机关执法质量考评过程中适当地吸纳检察人员和法官无疑更能保证考评结果的公正、公平，也可以避免闭门造车、自说自话的制度缺陷。实践中，执法监督员制度已经在公安机关规范化工作中得以实行，例如看守所都建立了执法监督员制度，但如何在考评制度中借鉴该项制度进而进一步保证考评结果的公允性、合理性，仍是一个值得研究和思考的问题。

二、考评内容和指标的设置

如前所述，考评内容和指标设置的科学性、合理性、规范性是公安机关业绩考评的关键和核心所在。公安部《2001 年规定》和《2016 年规定》仅仅笼统规定了公安机关执法质量考核评议的主要内容和公安机关办理案件应当达到的基本标准。关于基本标准，《2001 年规定》明确了办理刑事案件、治安案件应当达到的标准，违反交通、消防、边防、出入境等方面管理法规的行政案件应当达到的标准，在看守所、拘役所、治安拘留所、强制戒毒所、留置室等场所管理工作中应当达到的标准，办理行政复议、行政诉讼、国家赔偿和控告申诉案件应当达到的标准以及开展执法监督和执法过错追究工作应当达到的标准。《2016 年规定》完善和丰富了考核的内容，将执法质量考核标准设定为接处警执法标准，办理案件标准，实施行政许可、登记备案等行政管理标准，执法监督救济标准，执法办案场所和监管场所建设管理标准，涉案财务管理和涉案人员随身财物代为保管标准，执法安全标准，执法办案信息系统应用管理标准等。同时根据中央政法委的文件要求，公安机关在考评过程中取消对于破案率、批捕率、起诉率、撤案率、无罪判决率等不科学、不合理指标的评价和考核。《2016 年规定》第 14 条第 2 款规定："确定执法质量考核评议项目和指标，应当把执法质量与执法数量、执法效率、执法效果结合起来，激励民警又好又多地执法办案，但不得以不科学、不合理的罚没款数额、刑事拘留数、行政拘留数、发案数、退查率、破案率等作为考评指标。"

结合司法实践的情形，笔者认为就考评内容和考评指标的设置，公安机关还应当做好如下工作：

首先，对撤案的合理评价问题。撤案难是我国侦查实践中的一大痼疾，追根溯源，其根本原因在于撤案在公安机关业绩考评制度中的负面评价，一般公安机关撤销案件都要扣除较大的分值。例如《辽宁省公安机关执法质量考核评议规定》第 8 条第 2 项规定："案件不应当撤销而撤销或不应当立案而立案的，扣 1 分。”公安机关业绩考评制度中撤案问题的负面评价一定程度上导致侦查机关面对应当撤销的案件，基于考评成绩的考虑，迟迟不予撤销，这使得犯罪嫌疑人即使因为事实不清、证据不足而无法定罪，或者明显无罪，也无法快速地从刑事诉讼程序中解脱出来。“迟来的正义为非正义”，刑事诉讼程序的久拖不决最终损害了司法的公正和公民的基本人权。如何对立案行为和撤案行为作出科学合理的考评就成为完善公安机关业绩考评制度的重要内容。

其次，破案率、破案数的考评问题。虽然根据中央政法委的文件规定，公安机关已经不再就破案率问题进行考评，但在实践中破案数、破案率仍对考评结果发挥着一定影响。如何切实地消除破案率、破案数对公安机关业绩考评的不当影响，合理评价这些因素也是今后完善公安机关业绩考评制度的重要内容。

再次，起诉率对公安机关业绩考评的不当影响问题。客观地讲，由于起诉裁量权是检察机关的法定权力，检察机关和公安机关的诉讼角色、诉讼职能、诉讼手段、诉讼方式、证据标准的把握等方面存在差异，部分公安机关移送检察机关审查起诉的案件被检察机关作出不起诉决定实属正常，这也符合现代刑事诉讼规律的要求。检察机关的起诉决定和不起诉决定某种程度上也是对公安机关办案成效如何的一个司法裁断，公安机关在业绩考评过程中将检察机关的起诉比例作为一个重要参考标准也无可厚非，但目前的关键问题是一些地方的公安机关仍将检察机关的起诉比率作为公安机关考评的重要指标或者关键指标，一旦一个案件被作出不起诉决定，公安机关就会被扣除很大分值。这样就会促使某些公安机关为了避免被扣除较大分值，当案件移送检察机关审查起诉后，公安机关可能对检察机关施加压力，要求检察机关必须作出起诉决定。而检察机关迫于公安机关压力，又考虑到两家的诉讼关系，为了避免公安机关承受不利的考评结果，即使面对应当不起诉的案件，也不敢当然决然地作出不起诉决定。其结果必然是导致不应当被起诉的嫌疑人迟迟无法从刑事诉讼程序中解脱出来，只能痛苦无奈地继续承受法庭审判，损害的只能是当事人的人权和司法的权威。当前虽然取消了对起诉率的评价，但由来已久的考评规定仍然自觉不自觉地对检察机关的起诉决定发挥着些许不当影响。

最后，关于无罪判决对公安机关业绩考评的影响问题。无罪判决率的取消并不意味着无罪判决不会影响公安机关的业绩考评。无罪判决难产是我国刑事司法的一个大问题和老问题，其中一个重要原因是以往我国的刑事诉讼专门机关业绩考评制度有弊端。具体到公安机关业绩考评制度而言，以往一旦法院作出无罪判决，公安机关的执法质量考评就会扣除大额分值，基本上是一票否决，即只要法院作出一个无罪判决，那就意味着公安机关和公安人员一年的工作白干了，争优创先、晋升提拔都无从谈起。这种不分析无罪判决形成原因、不科学评判侦查机关在其中所起作用的评价方法是不合理的。从证明标准的角度分析，公安机关立案的标准、侦查终结的标准与审判定罪的标准存在一定差别，显然审判定罪的标准要远远高于立案的标准，也要高于侦查终结移送审查起诉的标准，虽然我国刑事诉讼法将两者都表述为“事实清楚，证据确实充分”。就笔者看来，只要公安机关依法立案，侦查程序依法规范进行，没有非法取证取供等违法现象，仅仅是因为诉讼认识的分歧而将案件移送审查起诉，法院即使依法作出无罪判决，也不应当过分地影响公安机关和公安人员的业绩评价结果。“唯结果论”的思想是不可取的。当然，公安机关目前已经取消了对无罪判决率的考评，但法院的无罪判决结论仍然对公安机关的侦查业绩考评发挥着重大影响。如何合理评价和认识法院的无罪判决，如何合理把握法院无罪判决对侦查机关考评的影响，仍然是侦查机关业绩考评过程中的一个大问题。

三、考评程序的规范化问题

考核标准和指标确定后，考核程序的规范化、正当化、理性化就成为公安机关业绩考评制度规范运行的关键。在明确了考核主体后，关于考核程序问题主要涉及如下几个环节：

（1）被考核单位提交相关业绩材料。被考核的公安机关或者部门根据考核的要求将涉及的考评材料报送上级公安机关法制部门或者本公安机关的考评部门，基本的报送方式是网上申报。《2016 年规定》第 24 条规定："各级公安机关应当为所属执法部门和执法民警建立网上执法档案，完整、准确、实时记载执法数量、执法质量、执法培训、考核结果、执法过错责任追究等情况。"据此，公安机关当前业绩考评过程中主要通过网络报送材料进行考评。

（2）公安机关法制部门在材料收集齐备的基础上，根据确定的分值和考评标准归纳总结后，负责召集考核评议领导小组开会进行评议，确定最终考评成果。

（3）从考评的基本方法上看，公安机关的执法质量考核评议采取日常考评、阶段考评、专项考评、年终考评相结合的方法，日常考评、阶段考评、专项考评的结果也作为年终考评的部分内容。但对业绩影响最大的应当是年终考评。

（4）执法质量考评结果通报和报告制度。《2016 年规定》第 25 条，上级公安机关对下级公安机关的执法质量考核评议情况应当在本辖区公安机关内部进行通报；各级公安机关对所属执法部门、执法民警的执法质量考核评议情况应当在本级公安机关内部通报。

（5）考核结果的告知和异议程序。根据公安部的新旧规定，考核评议结果都应当及时告知被考核的民警，被考核民警对结果有异议的，可以及时向负责考核评议的公安机关提出书面申诉，负责考核评议的公安机关可以视情况重新组织人员复查，并告知复查结果。

上述程序是公安机关多年来一直运行的基本程序，该程序作为公安机关考核评议执法质量的内部程序，明显带有行政化、秘密性、封闭性的程序特征。就笔者看来，目前该程序有必要作出适当调整或者改革，除了前面所讲的考评主体引入普通公民参与以外，可以考虑引入答辩程序，即每一个公安机关负责人或者部门负责人在年终考评时要详细地介绍本部门执法质量考评所涉及的事项情况，并接受考评委员会委员的质询。同时，对于公安机关或部门或者公安人员对考评结果不服提出书面申诉的情况，可以适当借鉴行政程序的听证程序，由考评委员会直接当面听取异议人的意见和理由，以便于作出更加公允合理的判断。

四、考评成果的科学评价和合理运用

司法实践中之所以出现虚报瞒报等情况，一个根本性的原因在于考评结果与公安机关和公安人员的工资福利、晋升提拔等切身利益关系重大。所以，考评结果的理性化运用和对待就成为解决上述问题的关键和根本所在。仅就公安机关的业绩考评而言，在笔者看来，考评的结果不应当对公安机关和公安人员的争先创优产生决定性影响，也就是说，公安机关不应当将执法质量考评结果作为年终对公安机关和公安人员立功受奖的唯一依据，应当理性地对待公安机关的业绩考评结果。实际上，公安机关的业绩考评结果（主要体现执法质量考评结果）能够客观地反映公安机关和公安人员的工作量大小、办案的质量如何，这是于将来改进和完善公安机关的执法工作的重要决策依据。同时，这些数据和情况也反映当前社会治安、违法犯罪状况，为社会治安综合治理提供重要的实证数据。当然，该制度设立的基本目的在于对公安机关的执法质量和业绩状况进行科学合理的评价，进而为阶段性或者年终对公安机关和公安人员的争优创先提供重要的事实依据和数字依据，克服仅仅凭领导人的喜好或者某些人的主观认识对公安机关或者公安人员作出不当评价的弊端。考评结果应当是建立在准确科学数据的基础上，考评应当作为争优创先、立功受奖的重要依据，但不能将考评结果作用夸大化，更不能唯考评结果论，因为有些因素例如道德的因素往往是无法数字化的，也无法通过对工作的考评体现出来。另外，案件与案件都存在一定的差别，重大疑难复杂的案件无论是在调查取证的工作量上、证据的分析判断和把握上，还是在适用法律方面，都比一般的普通刑事案件复杂得多，工作量也大得多,所以仅仅从办案数量的角度是无法合理评价两个案件的差别的。考评结果的合理评价和使用也是未来公安机关业绩考评制度规范化、理性化的重要方面。

五、考评材料虚假申报的发现机制和惩戒机制

公安机关业绩考评制度运行过程中的一大难题是如何有效地避免虚假申报的问题。在公安机关的业绩考评过程中，不可避免地会出现个别公安机关和公安人员为了获得优秀的考评成绩而虚假申报的情况。在办公自动化、网络化之前，下级公安机关和公安人员一般都通过报送纸质材料进行申报，其中的办案数、考评涉及的指标数字都是由下级公安机关和公安人员自行统计、自行收集并自行申报的，其中可能会有一些不实的内容。无论是出于故意还是过失，其目的都在于能够在业绩考评过程中获得一个尽可能好的结果。不实申报必然会影响到业绩考评结果的公正公平，导致业绩考评制度奖优罚劣、充分激发干警工作积极性和执法规范化的制度设置初衷大打折扣，如果不能及时发现并予以制止、惩戒，还可能助长虚假不实申报行为，后果是非常严重的。

从公安机关办案质量考评办法的实际运行情况看，申报材料的真实性主要依靠两个方面：一是申报单位和个人的道德自觉性。在业绩考评过程中，上级公安机关和本公安机关都会要求被考评单位和个人如实报送申报材料，一旦发现有虚假申报、不实申报的情况，则可能取消其争先创优资格，并通报批评。但由于考评结果直接关涉到被考评机关和单位以及其工作人员的立功受奖、晋升提拔等切身利益，仅仅依靠道德自觉显然是远远不够的。二是上级公安机关和本公安机关的审查。被考评单位和个人将材料报送上级公安机关或者本公安机关后，负责考评的公安机关要对被考评单位和个人报送材料的真实性、全面性进行审查，审查的主要依据是被考评单位报送的书面材料或者电子资料，对于其中的数据和根据考核标准形成的分值等无法一一核实。也就是说，考核的主体对于考核资料的审查核

实采取的是书面审，书面材料的真实与否仅仅通过书面审往往是发现不了的。即使有所怀疑，基于工作量等各方面因素，考核的主体也很难充分核实。在这种情况下，报送单位和个人的道德自觉就成为考评资料真实与否的关键。

为了保障被考核单位和个人申报材料的真实性，公安部关于执法质量的新旧规定也作了规定，但都过于原则、笼统。例如《2001 年规定》第 13 条规定："在登记、统计、上报各类执法情况过程中，实事求是，严格遵守有关规定，无弄虚作假、隐瞒不报的情形。"另外，第 16 条专门规定对于弄虚作假的单位，其本年度考核评议结果应确定为不达标。《2016 年规定》也明确了上述内容，但并没有谈到如何防止作假、发现作假。所以，如何建立一套高效的考评资料不实申报发现机制并对不实申报予以有效惩戒成为将来规范和完善公安机关业绩考评制度的难点和重点之一。

六、公检法考评制度的有序衔接问题

刑事诉讼专门机关业绩考评制度涉及公检法三机关，既然三机关的诉讼关系为分工负责、互相配合、互相制约，那么三机关的业绩考评制度也必须充分考虑和关注这一基本诉讼关系，必须积极、富有意义地推动这一诉讼关系有序、高效运转。这也就必然要求公安机关的业绩考评制度必须充分地研究和借鉴检察机关和审判机关的业绩考评制度。或者说，与检察机关和审判机关的业绩考评制度保持协调平衡，而不能闭门造车、自说自话，不管不顾检察机关和审判机关的业绩考评制度。随着我国法治的发展，随着刑事诉讼专门机关业绩考评制度的规范化、科学化，公安机关在制定和修改执法质量考核评议办法的过程中，越来越注意与检察机关和审判机关业绩考评制度的对接和协调。公安部 2011 年 2 月 25 日《关于改革完善执法质量考评制度的意见》就专门提到上述问题，该意见提出要建立征求政法相关部门意见制度，避免政法部门间出现考评指标“打架”问题。①

关于公检法三机关业绩考评制度衔接问题，笔者认为应当做好以下几方面工作：首先，三机关的业绩考评制度都应当符合刑事诉讼规律，最大限度地实现刑事司法公正，这是一个基本原则和根本点。其次，在具体考评事项和指标上要协调一致，不能出现所谓的“打架”问题。例如公安机关以往的批捕率，过高的批捕率势必促使公安机关对检察机关施加压力，将一些不应当批捕的嫌疑人也予以批捕，这客观上影响到了检察权的正当行使。再次，公安机关的考评指标和事项不能不适当地影响检察权、审判权的正当行使。如前所述，以往的撤案率、起诉率、有罪判决率会促使公安机关为了考评成绩而去影响检法两院，从而出现撤案难、不起诉难、无罪判决难问题，这些问题的出现对整个刑事司法公正的消极影响、对刑事诉讼人权保障的负面影响是远远超乎想象的。虽然根据中央政法委的文件要求，公检法三机关已经取消对上述指标的考评，但这些指标的不当影响并没有完全消除。合理平衡和协调公检法三机关业绩考评制度，确保三机关考评制度的规范化、科学化、合理化并最大限度地促进刑事司法公正是今后公安机关完善考评制度的重要内容。

七、对下考评与对内考评、机关考评和人员考评、内部考评与外部考评的合理平衡与协调问题

在公安机关的业绩考评制度的完善过程中，还必须深入研究对下考评与对内考评、机关考评与人员考评以及内部考评与外部考评的关系，合理确定考评指标和事项，合理平衡上述考评之间的关系，保证上述考评程序正当、结果合理、效用最佳，这也是完善和规范公安机关业绩考评制度必不可少的内容。

---

① 参见闵政：《公安部〈关于改革完善执法质量考评制度的意见〉解读》，http://www.fsac.org.cn/html/20120310150655189.htm，2019 年 10 月 6 日。

总之，随着我国全面依法治国进程步伐的加快和深入，刑事诉讼专门机关业绩考评制度作为刑事司法系统运行中的一个子系统，它对于刑事司法活动高效、正当、公正运行发挥着不可替代的作用，它的规范和完善必将对我国刑事司法维护社会公平正义的职能作用发挥形成巨大的推动力。而公安机关作为刑事诉讼的侦查机关，处于刑事诉讼的起始阶段和基础性位置，公安机关的业绩考评制度的科学化、理性化程度对侦查权的规范高效行使产生不可估量的影响，也必将有力地推动检察权、审判权的高效行使，最大限度地克服和避免长期困扰我国司法实践的撤案难、不起诉难、无罪判决难问题，为最终建立以审判为中心的诉讼制度提供重要制度支持。

第四章 检察机关业绩考评制度实证研究

——以山东省淄博市检察系统为分析对象

检察机关执法办案考评制度[①]在科学评价各级检察机关工作业绩、激励和督促检察机关和检察官依法履行职责、充分发挥检察机关在维护社会公平正义过程中的职能作用等方面发挥着不可替代的作用。同时，检察机关执法办案考评机制的诸多不科学、不合理因素对我国整个刑事诉讼活动和检察权能的有效行使等也产生了不可估量的消极影响，甚至在一定程度上助推了冤假错案的形成。因此，通过实证研究系统分析和挖掘检察机关执法办案考评机制存在的诸多不科学、不合理因素，深入分析这些因素存在的深层次原因，并探索进一步规范和完善检察机关执法办案考评机制，无疑成为检察制度规范化、正当化的基本内容，也是保障整个刑事诉讼活动正当化、理性化、规范化的重要组成部分，具有重要的理论价值和现实意义。

第一节 问题的提出

正是因为检察机关执法办案考评机制中的不科学、不合理因素对整个刑事诉讼产生了不可估量的消极影响，且没有引起理论界和实务部门的足够重视，笔者近年来始终高度关注这一问题。2013 年，山东省淄博市人民检察院申请并获批了山东省人民检察 2013 ~ 2014 年度的四个重点课题之一——检察机关执法办案考评机制研究。课题立项后，课题组成员经过讨论，决定重点采取实证研究方法，以淄博市两级检察院为研究对象，同时参考山东省人民检察院的执法办案考评办法，进行课题研究。实证研究主要采取调查问卷、集体座谈两种方式，选取淄博市的张店区人民检察院、

① 关于检察机关执法办案考评机制的称谓问题，有的人称之为“检察机关绩效考评办法”或“绩效考评制度”，也有称之为“检察机关业务考评制度”或者“考评办法”的。但就本书而言，这里指的执法办案考评制度所涉及的主要是检察机关的执法办案部门的考评制度，即主要涉及侦查监督部门、公诉部门以及监察改革前的反贪、反渎等部门的考评制度。

临淄区人民检察院、淄川区人民检察院、桓台县人民检察院、沂源县人民检察院和淄博市人民检察院作为调研对象，参与人员主要是检察院的侦查监督部门、公诉部门、反贪部门、反渎部门的检察官和分管领导等。座谈的内容主要是针对上级检察院对下级检察院所制定的执法办案考评机制，同时也涉及本检察院的内部考评问题。调查问卷和座谈主要围绕以下几个问题进行：

1. 你是否了解本部门的执法办案考评办法的具体内容？

2. 你认为本部门的执法办案考评机制是否科学合理？

3. 有哪些不合理、不科学的因素？试举例。

4. 你是否了解其他业务部门的考核制度？如何评价？

5. 你所在部门的考核制度与其他部门有何关联？你是如何评价其他业务部门的考评办法的？

6. 你觉得现行办案考评机制对刑事诉讼有何不良影响？为什么？

7. 你认为应当如何规范和完善你所在部门以及整个检察机关的执法办案考评机制？

8. 你觉得现行的错案追究制度是否科学合理？

9. 你认为检察机关执法办案考评机制与错案有关系吗？理由是什么？

10. 你认为应如何完善错案追究制度？

2014 年 4 月 1 ~5 日，课题组先后对选取的五个县（区）检察院和淄博市人民检察院进行了调研，同步下发了调查问卷 185 份并随后全部收回。

第二节　检察机关执法办案考评机制调研资料分析

本次调研一共发放有效调查问卷 185 份，收回 185 份。调查问卷是本次实证研究分析的基本依据，现将反馈的结果展示如下：

1. 你现在的工作部门是什么？（见表4－1、图4－1）

表4－1 工作部门

项目	侦查监督部门	综合部门	公诉部门	自侦部门
数量	26	46	35	78

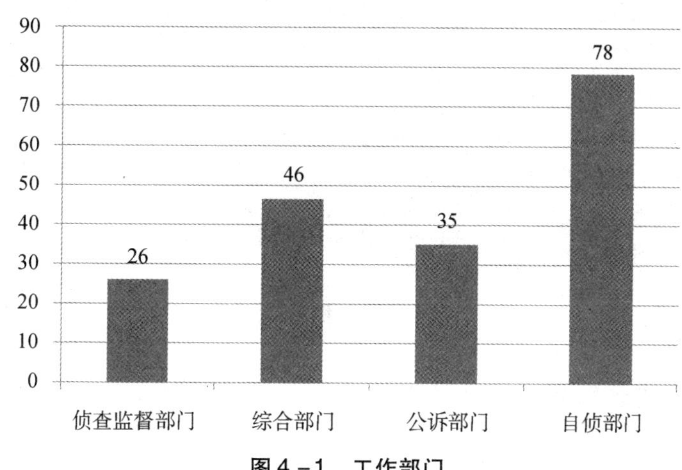

图4－1 工作部门

2. 你是否了解检察机关执法办案考评机制？（见表4－2、图4－2）

表4－2 考评机制了解情况

项目	了解	不了解	了解一点
数量	112	13	60

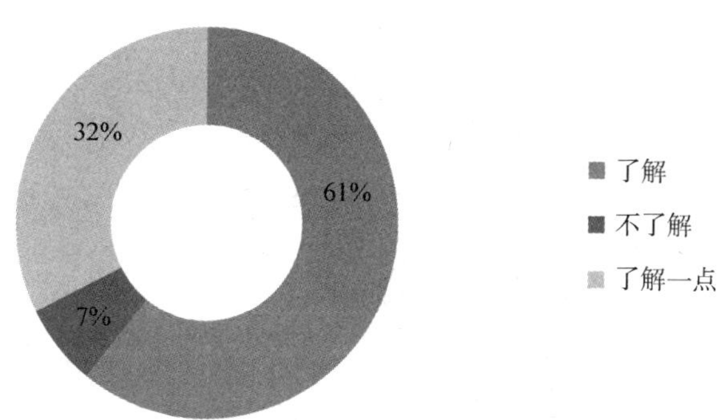

图4－2 考评机制了解情况

3. 你觉得现行考评办法将批捕率作为重要指标是否合理？（见表4－3、图4－3）

表4－3　批捕率

项目	合理	不合理	基本合理
数量	34	84	67

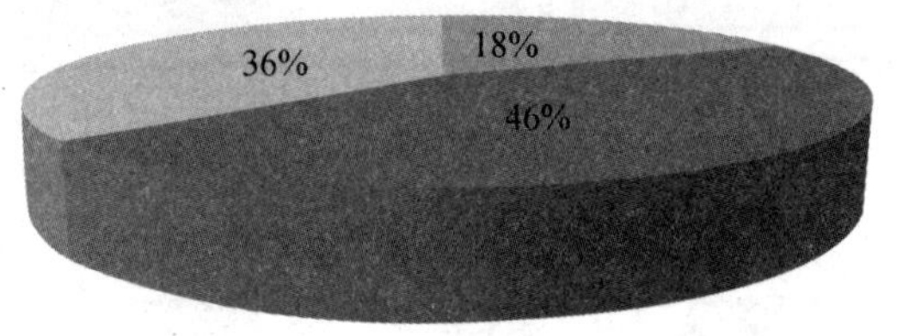

图4－3　批捕率

4. 你觉得现行考评办法将起诉率作为重要考评指标是否合理？（见表4－4、图4－4）

表4－4　起诉率

项目	合理	不合理	基本合理
数量	39	83	63

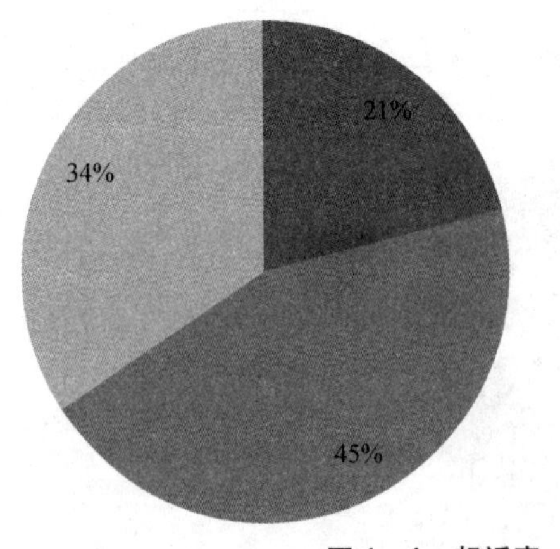

图4－4　起诉率

5. 将不起诉率作为重要指标是否合理？（见表4-5、图4-5）

表4-5 不起诉率

项目	合理	不合理	基本合理
数量	40	79	66

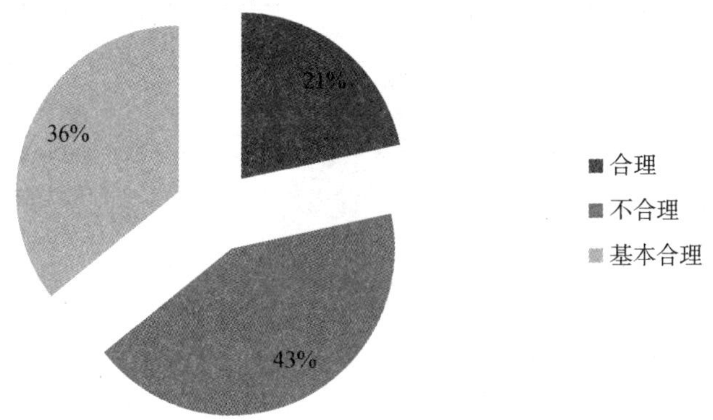

图4-5 不起诉率

6. 将有罪判决率作为重要考核指标是否合理？（见表4-6、图4-6）

表4-6 有罪判决率

项目	合理	不合理	基本合理
数量	53	55	77

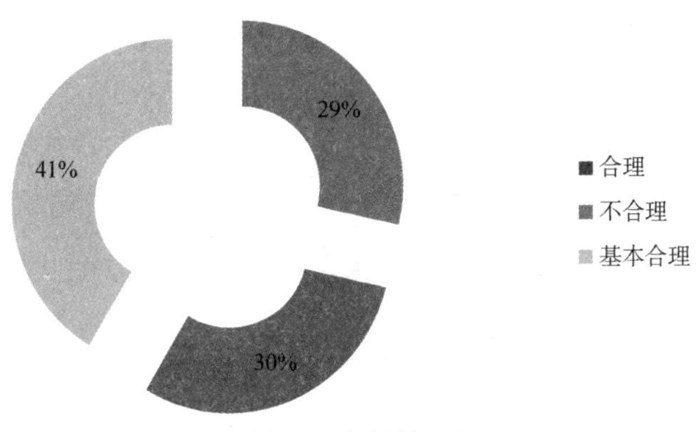

图4-6 有罪判决率

7. 自侦案件中设置一定数量的案件作为考核指标是否合理?(见表4-7、图4-7)

表4-7 自侦案件

项目	合理	不合理	基本合理
数量	37	79	69

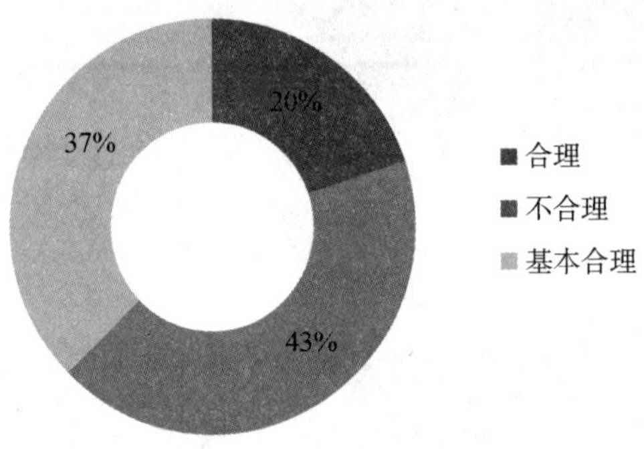

图4-7 自侦案件

8. 你觉得执法办案考评制度对正常履行检察业务有影响吗?(见表4-8、图4-8)

表4-8 考评制度的影响

项目	有非常大影响	有很大影响	有一定影响	没有影响
数量	32	47	93	13

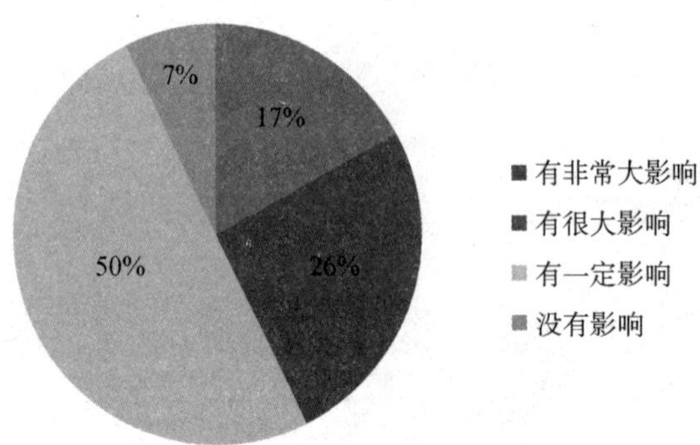

图4-8 考评制度的影响

9. 如果上一问题是肯定的，这种影响的性质是什么？（见表4-9、图4-9）

表4-9 影响性质

项目	消极影响较多	积极影响较多	消极和积极影响都有
数量	21	34	117

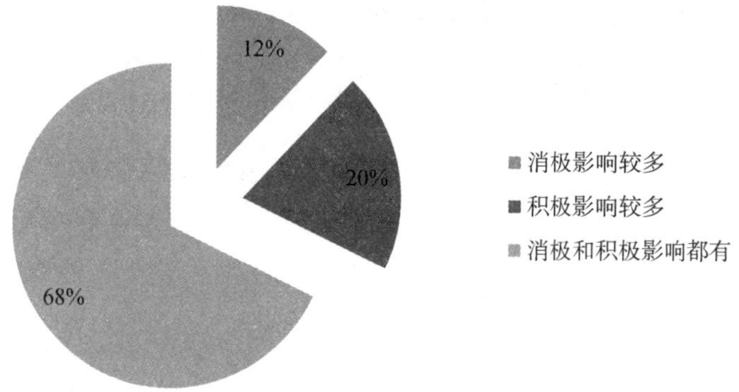

图4-9 影响性质

10. 你觉得你所在部门的执法办案考评机制合理吗？（见表4-10、图4-10）

表4-10 机制合理度

项目	合理	不合理	基本合理
数量	29	59	97

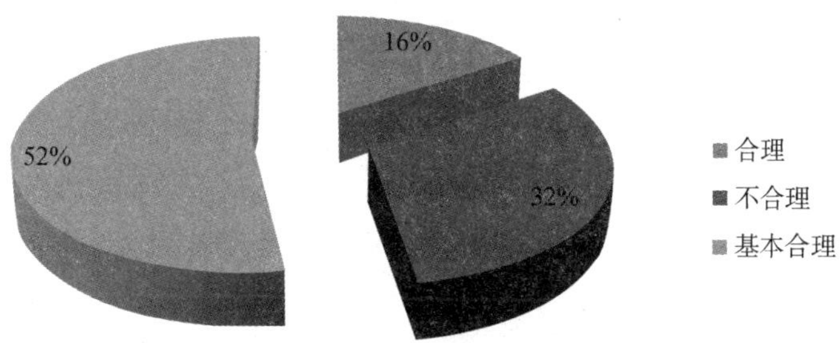

图4-10 机制合理度

11. 你了解其他部门的考核制度吗？（见表4－11、图4－11）

表4－11 对其他部门考评了解情况

项目	了解	不了解	基本了解
数量	26	30	97

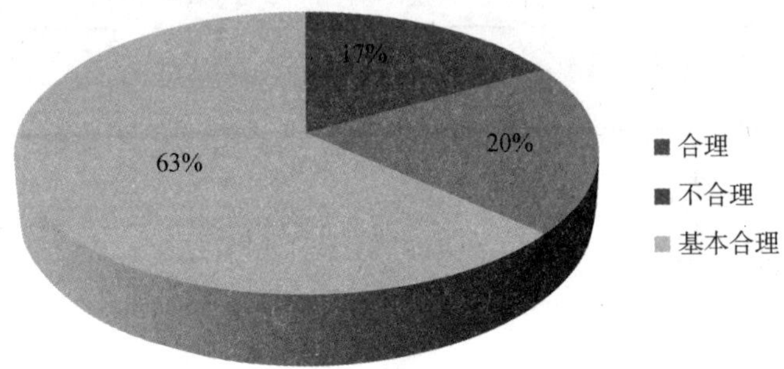

图4－11 对其他部门考评了解情况

12. 你所在部门的考核制度与其他部门的考核制度有关联吗？（见表4－12、图4－12）

表4－12 关联度

项目	有关联	无关联	不清楚
数量	95	40	50

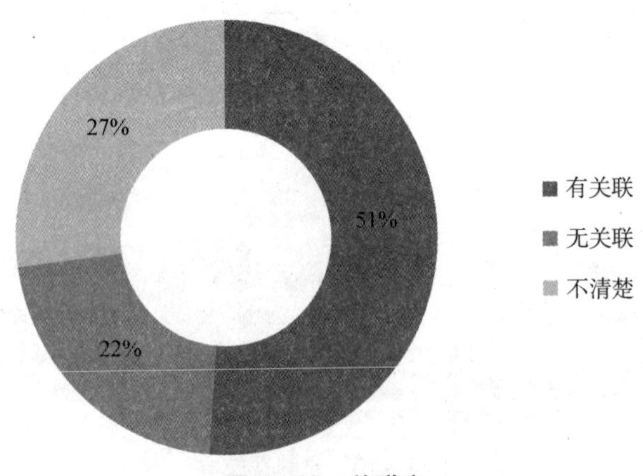

图4－12 关联度

13. 你是否了解公安机关和法院的业绩考评办法？（见表 4－13、图 4－13）

表 4－13 对公安机关和法院考评了解情况

项目	了解	不了解	了解一点
数量	56	90	39

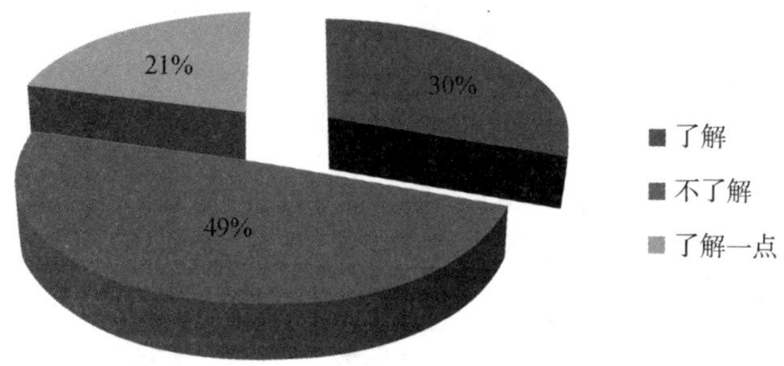

图 4－13 对公安机关和法院考评了解情况

14. 是否受公安机关、法院考核机制的间接影响？（见表 4－14、图 4－14）

表 4－14 间接影响

项目	完全不会	一般不会	会
数量	18	135	32

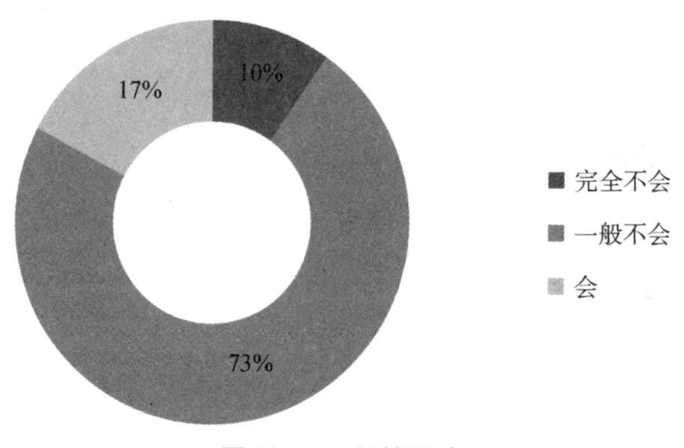

图 4－14 间接影响

15. 你了解刑事错案追究制度吗?(见表4－15、图4－15)

表4－15　对刑事错案追究了解情况

项目	了解	不了解	大概知道
数量	61	27	97

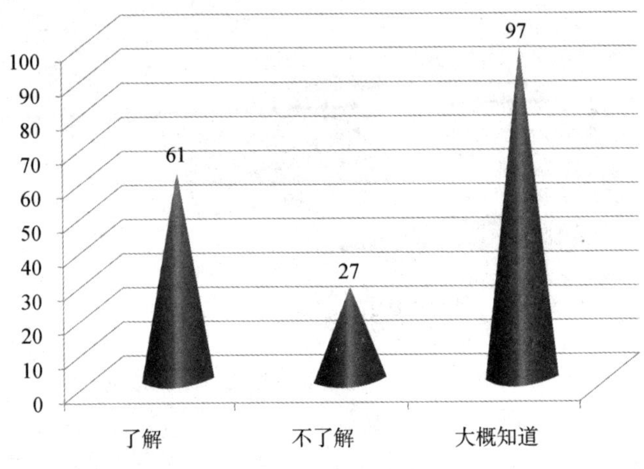

图4－15　对刑事错案追究了解情况

16. 你觉得刑事错案追究制度是否科学合理?(见表4－16、图4－16)

表4－16　刑事错案追究合理度

项目	合理	不合理	基本合理
数量	45	30	110

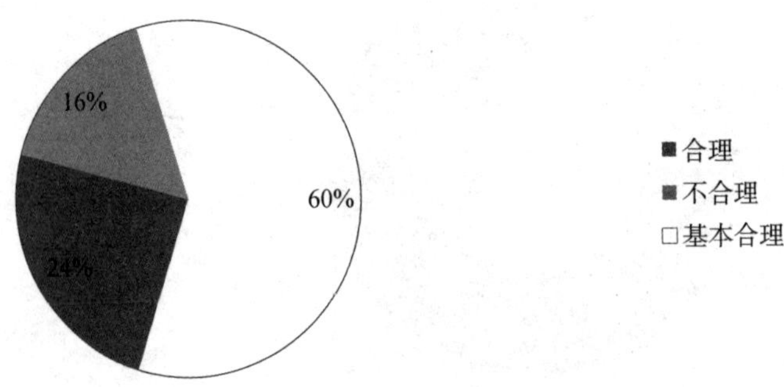

图4－16　刑事错案追究合理度

17. 你觉得业绩考评制度和刑事错案有关系吗？（见表4－17、图4－17）

表4－17 业绩考评和刑事错案

项目	有关系	没有关系	不确定
数量	66	41	78

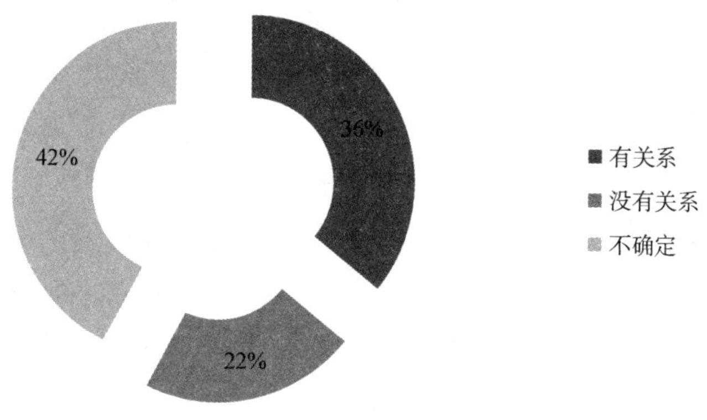

图4－17 业绩考评和刑事错案

18. 如果上一题答案是肯定的，这种关系是什么？（见表4－18、图4－18）

表4－18 关系评价

项目	前者的不科学不合理是造成后者的主要原因	前者与后者的联系不明显	两者之间的关系难以界定
数量	55	2	9

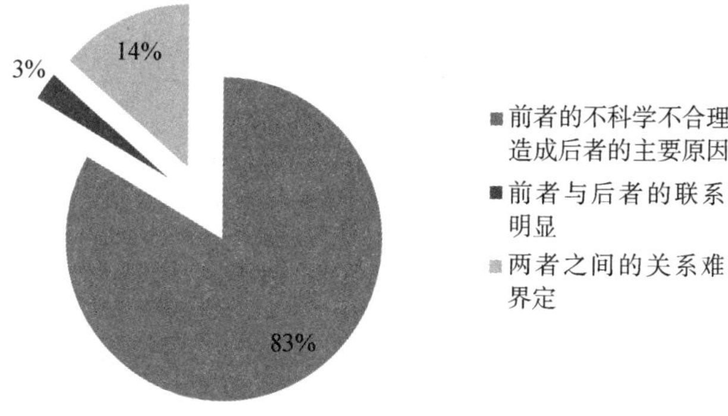

图4－18 关系评价

19. 你觉得应当取消刑事错案制度吗?(见表4－19、图4－19)

表4－19　刑事错案制度的取消

项目	应当	不应当	不应当，但需要完善
数量	17	46	122

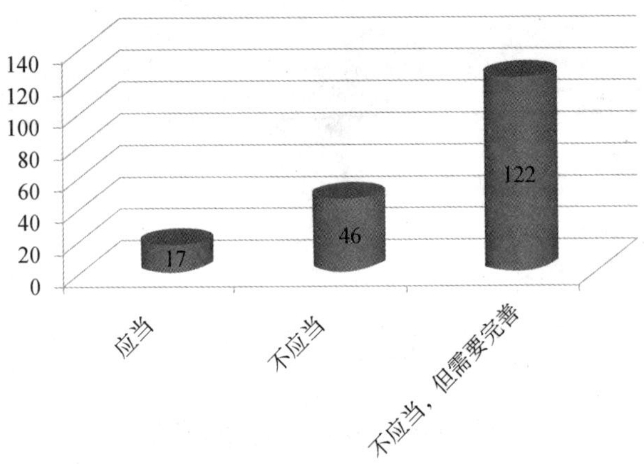

图4－19　刑事错案制度的取消

20. 你觉得应当取消检察官工作的量化考评吗?(见表4－20、图4－20)

表4－20　工作量化考评的取消

项目	应当	不应当	不应当，但需要完善
数量	73	29	83

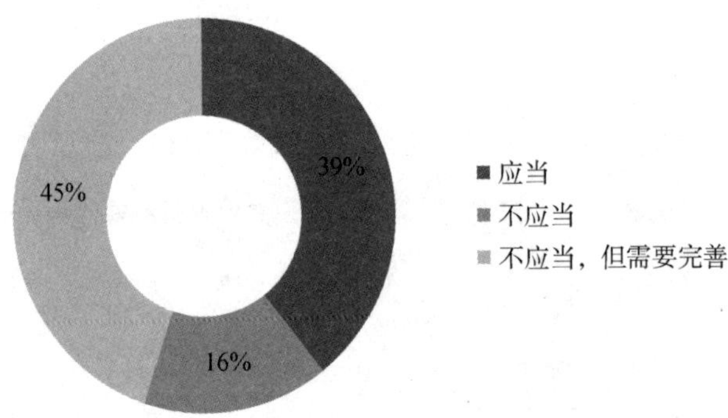

表4－20　工作量化考评的取消

第三节 现行检察机关执法办案考评机制存在的主要问题

由于问卷调查和座谈交流的检察官分属于不同的业务部门，甚至有的检察官属于研究室、政治部等综合部门，且检察从业经历不同，所以对于检察机关执法办案考评机制存在问题的认识和把握也存在较大差别。根据调查问卷分析和座谈交流，司法实践中检察机关执法办案考评机制存在的问题主要有以下几个方面：

一、将撤案率作为重要考评指标不合理

从淄博市检察院的考评办法看，撤案无论是对于侦查监督部门、公诉部门还是职务犯罪侦查部门都有很大影响，都要被扣除很大分值。淄博市人民检察院 2013 年《侦查监督工作考核办法》第一部分第 4 条规定："……捕后撤案的，每人扣 30 分。" 2013 年《全市检察机关公诉工作考核办法（试行）》第二部分第 2 条也规定："如案件被提起公诉后又因发现不存在犯罪事实、犯罪事实并非被告人所为或者不应当追究被告人刑事责任的原因撤回起诉，应予减分。每出现 1 人减 2 分。" 2014 年《全市检察机关反贪工作考核办法》第四部分第 8 条规定："所办案件直接撤案或存疑不起诉的，每人减 3 分，退侦后撤案或绝对不起诉的，每人减 6 分；因犯罪嫌疑人、被告人死亡导致案件撤案和不起诉的，不减分。"可见，如果已经批准或者决定逮捕的案件、已经起诉的案件、已经由职务犯罪侦查部门立案侦查的案件，一旦撤诉，相关办案部门要被扣除很大的分值。故有的检察官建议尽量压缩考核项目，判无罪的、撤案的尽量不要考核。

二、将有罪判决率确定为重要考核指标同样不合理

若法院作出无罪判决，检察机关会被扣除很大分值，一定程度上意味着考评成绩的落后和先进资格的丧失。淄博市人民检察院 2013 年《侦查

监督工作考核办法》第一部分第4条规定："……捕后判无罪的每人扣30分。"2013年《全市检察机关公诉工作考核办法（试行）》第二部分第1条规定："根据起诉后法院判决无罪的人数确定得分，无罪判决人数为零的得满分。如被告人被提起公诉后被法院判决无罪且已生效，应予减分。每出现1人减3分。"2014年《全市检察机关反贪工作考核办法》第二部分第5条规定："贪污贿赂案件每判决有罪1人计1分。"第四部分第7条规定："无罪判决的，每人减10分。"2014年《全市检察机关查办渎职侵权犯罪案件工作考评办法》第二部分第3条规定："……判无罪的每1人减3分。"

三、实刑判决率的规定不合理

调研中，有不少检察官认为，定罪量刑是法院的权力，仅仅因为法院没有判处实刑就扣分不符合司法规律，对被考评部门不公平。实刑判决率是目前检察机关评价办案部门业绩的重要内容。淄博市人民检察院2013年《侦查监督工作考核办法》第一部分第2条规定："捕后判处3年以上有期徒刑实刑人数占有罪判决人数，低于50%的，每低1个百分点扣2分；高于50%的，每高1个百分点加1分。捕后判处拘役、管制、免于刑事处罚、单处罚金的，每起案件扣1分。"2014年《全市检察机关反贪工作考核办法》第二部分第6条规定："贪污贿赂案件每判决实刑1人计1分。"2014年《全市检察机关查办渎职侵权犯罪案件工作考评办法》第二部分第4条规定："实刑判决玩忽职守类案件每人计0.2分，滥用职权类案件每人计0.3分，徇私舞弊类或者侵权类案件每人计0.5分。实刑判决多罪名的，除渎职侵权罪名分类计分外，每多1个罪名加0.3分；实际实刑判决人数与实刑判决目标人数相比，每多1人加0.5分，每少1人减2分。"重视实刑判决率的考核可能导致实践中过分地重视重刑，而忽视了对于小案件处理的积极性，这样就有一个不正确的导向作用，影响案件的正常办理。

四、将捕后判轻刑的情形确定为减分项不合理

座谈中，有检察官提到，因为审查逮捕的时间很紧，只有 7 天的时间，后期证据可能会发生变化，逮捕的标准和审判的标准在实际掌握上存在不同，而审查逮捕阶段又无法对法院的审判结果形成控制，所以为了考核就出现了与法院进行协调的做法。对于是否逮捕的问题，例如盗窃案，若盗窃的数额不是很大，则判轻刑的可能性很高，但是对于惯犯来说，其社会危险性大，具有很强的逮捕必要性。如果最终法院判处其轻刑，根据考评办法，检察机关最后肯定是要被减分的，那么在办案的过程中检察机关就会变得比较被动，存在着逮捕必要性和捕后判轻刑之间的矛盾。

五、关于两项监督包括立案监督、撤案监督和纠正违法问题

在这项考核指标下有一定的任务数，完成任务的获得基础分，否则就会出现减分。这点和实际情况存在很大的矛盾，因为目前公安的办案质量和人员素质在不断提高，所以违法的事情在不断减少，但是每年对于纠正违法数量的考核标准在不断提高，所以这项监督很不合理，会引发为了完成考核而与公安进行协商的情况，影响检察院的监督地位和形象。

六、将专项活动作为加分项不合理

将专项活动例如纠正公安机关的刑讯逼供等违法行为作为加分项，不符合司法实践发展的变化要求。这项活动对于公安机关来说能够使其严格依法办案，提高其自身素质和业务能力，同时也能够更好维护犯罪嫌疑人和被告人的合法权利。但是随着技术手段的进步和全程录音录像的普及，刑讯逼供的现象越来越少，侦查活动日趋合理化，所以建议这类专项活动加分可以逐步取消。

七、根据检察机关干警人数确定贪污贿赂犯罪办案指标不科学、不合理

淄博市人民检察院2014年《全市检察机关反贪工作考核办法》将各区县院在编干警数量作为确定贪污贿赂犯罪办案基数的主要依据，这种确定贪污贿赂犯罪办案基数的方法缺乏科学性。

八、过于追求重点案件分

当前对于重点案件的认定没有一个明确的标准，法院和检察院对于重点案件的认识也是不一样的。例如，国有控股企业和国有参股企业基本上属于查办案件的空白区，因为其不属于考核的重点案件范围。如果过分注重重点案件分，会导致对于这部分案件的查处力度降低，办案量也会受到影响。另外，对于上级交办的案件，执法办案考评办法也规定应当加分，但对于交付哪个检察院查办往往取决于上级检察院，而不取决于下级检察院。这部分作为加分项也存在一定问题。

九、起诉大案的加分情况不合理

无论是省检察院还是市检察院的考评办法，很多都将人均起诉大案数作为重要加分项。例如山东省《2014年度全省检察机关反贪工作考核办法》第二部分（考核计分项目）第4条规定："提起公诉贪污贿赂大案，5万元至不满10万元的，每件计1分；10万元至不满100万元的，每件计2分；100万元以上的，每件计3分。人均起诉大案基础分等于本地区起诉大案得分除以本地区检察干警数。"淄博市检察院2014年《全市检察机关反贪工作考核办法》作出了与此相同的规定。实践中，有的地方检察院为了追求达到职务犯罪涉案数额10万元、100万元的要求，将一些证据不足的涉案事实一并起诉，这样容易让法院为难，并且也会对检察机关的办案水平产生怀疑。应该以法院最终判决认定的数额来进行考核，为自侦部

门确定案件的数额。

十、抗诉率、抗赢率

抗诉率、抗赢率的考评在一定程度上违背了刑事诉讼活动的规律，可能导致检察机关为抗诉而抗诉。淄博市人民检察院2013年《全市检察机关公诉工作考核办法（试行）》第二部分第5条规定："各地刑事抗诉率（提出刑事抗诉件数除以法院判决数）达到7.5‰即可得满分。每低0.1个千分点减0.2分，提出抗诉被上级院决定撤回的，每件减0.1分。"实践中，由于各地的情况不一样，人为地设定抗诉率可能导致检察机关为了完成考评指标和任务，对一些并不符合抗诉条件的案件提出抗诉，这在一定程度上会影响检察机关抗诉的效果和该项权能的有效行使。同样，人为地设定抗赢率势必促使检察机关不断地与法院沟通协调，甚至对法院施加压力，促使法院支持检察机关的抗诉主张。这会导致检察机关背离客观公正义务的要求，影响法院依法独立审判。

十一、如何保障办案指标量化评价的科学化、合理化

就检察机关执法办案部门而言，其执法办案是否可以量化、如何量化是考评机制科学化、规范化的关键。调研中，有检察官提出不起诉率、无罪判决率、抗诉率、批捕率等不应当量化，量化不符合司法运行规律。有检察官提出有的指标量化后分值设定不合理。例如侦查监督部门的检察官提出，侦查监督部门的主要工作仍然在于审查批准或者决定逮捕，考评办法对刑事立案监督、侦查活动监督设定过高的分值不合理。

十二、目前的考评机制需要进一步规范和完善

实践中存在着重视办案考评轻视调研考评、重视总体考评轻视业务考评、重视内部考评轻视外部考评、重视单位考评轻视个人考评的现象。考评应该在更大的范围内实现监督，确保检察院职能的真正发挥。目前主要

是由检察院自身来评价自己的行为，监督的力度不够。

十三、考评机构的设置问题

目前许多检察机关的考评工作都是在年底的时候临时抽调人员来负责，这些人员主要是从办公室、政治部临时抽调的。考核时都是各部门自己提供材料，考评人员难以真正了解具体情况，这样一来考核结果的客观性和全面性就有一个比较大的疑问。同时，检察院内部没有建立一个固定的考核机构，没有将考核常态化。

十四、执法办案考评程序需要进一步规范和完善

如何保证执法办案考评程序的公开、公正、正当，也是检察机关执法办案考评机制规范化的重要内容。目前考评的程序不够公开，考评过程中存在着外来因素影响，缺乏外部监督，也缺乏考评结果异议救济制度等。

十五、错案追究制度等问题

错案追究制度作为检察机关执法办案考评机制的重要组成部分，存在着错案界定模糊不清、错案责任分散导致责任无法确定等问题。另外，调研过程中还有检察官提出业务工作和综合工作评价标准不合理、考评办法变动过于频繁、考评结果可能受到人为因素不当影响等问题。

第四节　检察机关执法办案考评机制的不科学因素的消极影响

从诉讼权能上审视，检察机关的主要权能就是刑事诉讼权能，检察机关是唯一一个诉讼权能贯彻刑事诉讼始终的刑事诉讼专门机关，在刑事诉讼过程中发挥着不可替代的作用。而检察机关执法办案考评机制背后直接

关联着检察机关及其检察官个人的争优创先、晋升提拔、工资福利等切身利益，进而影响着检察机关和检察官的诉讼行为的正当性、合理性、规范性。检察机关执法办案考评机制的不科学、不合理因素对整个刑事诉讼的影响是远远超乎想象的。通过调研所发现的上述问题大多都是刑事诉讼中的问题，都对整个刑事诉讼活动产生着或大或小的影响。从理论上分析，检察机关执法办案考评机制中的不科学、不合理因素对刑事诉讼所造成的消极影响主要表现在以下几个方面：

一、刑事诉讼三机关诉讼关系错位

公安机关、检察机关和法院在刑事诉讼过程中分别行使侦查权、公诉权和审判权，三机关诉讼关系的基本法律定位是分工负责、互相配合、互相制约，而分权的基本目的在于制衡权力。但由于刑事诉讼专门机关业绩考评机制中的不科学、不合理因素的存在，一定程度上促使三机关围绕着考评机制开展工作，进行诉讼活动，诉讼行为的基本参照物为业绩考评办法，诉讼目标嬗变为追求考评分数最大化。

具体到检察机关执法办案考评机制，其在检察工作实践中已经不当演变为检察工作的“指挥棒”，检察机关和检察官在刑事诉讼过程中过分重视和关注考评办法的要求，一定程度上背离了刑事诉讼规律和特点，导致刑事诉讼专门机关诉讼关系错位，诉讼定位混乱。例如检察机关办案考评办法中的批捕率实践中导致检察机关够罪即捕，对于一些本可以取保候审或者监视居住的案件仍然批准逮捕，使立法通过赋予检察机关批捕权达到对公安机关进行法律监督的立法目的落空。又如检察机关办案考评办法中的不起诉率，规定检察机关作出不起诉的案件不得超过一定的比例，否则要扣分。这就导致一些检察机关对于符合不起诉条件的案件，基于考评分数的考虑，不敢或者不愿意作出不起诉决定；对于一些事实不清、证据不足的疑案，不敢当然决然地作出不起诉决定，而是选择起诉到法院。这样一来，立法通过检察机关的起诉裁量对侦查机关进行监督和限制的基本初衷就无法实现。再如检察机关办案考评办法常见的有罪判决率、实刑率，实践中对于一些检、法认识不一致，法院认为应依法宣告无罪的案件，检察机关基于考评成绩的考虑，不当地对法院施加压力，要求法院作出有罪判决甚至实刑判决，使检察机关背离客观公正义务的要求，检察官成为刑事诉讼的“追诉狂”。[①] 而法院往往会迫于检察机关的压力，作出有罪裁判。这也是实践中“疑罪从有、疑罪从轻”处置的重要原因，其结果当然是损害了法治的尊严，牺牲了公民的合法权利，也为冤假错案的产生提供了条件。

二、刑事诉讼出入罪功能紊乱

出罪功能和入罪功能的良性互动是刑事诉讼法治的基本标志。一部科学、规范的刑事诉讼法律既要保障能够通过程序的高效运转准确、公正地确定被追诉人的刑事责任，准确地定罪量刑；同时，还必须能够保障无辜的人或者没有足够证据指控犯罪的公民能够及时从刑事诉讼程序中解脱出来。但从司法实践的情况看，我国的刑事诉讼法律恰恰存在着出入罪功能倒挂、出罪功能不足、入罪功能有余的结构性缺陷。其中一个不可忽视的原因就是刑事诉讼专门机关业绩考评办法不科学、不合理。

以检察机关执法办案考评机制为例，其中的撤案率成为反贪部门和反渎部门扣分的重要工作项，且一旦撤案，可能被扣除的分值很高，严重影响到该部门年终的评比成绩。所以，实践中对于应当撤案的案件，办案部门以各种理由拒不撤案，导致案件久拖不决。特别是一些事实不清、证据不足的疑案，公诉部门认为事实不清、证据不足，达不到公诉证明标准，或者法院认为事实不清、证据不足检察机关主动撤回起诉而退回侦查部门的案件，侦查部门拒不撤案，致使被追诉人迟迟无法从刑事诉讼中解脱出来。另外，其中的有罪判决率、无罪判决率和实刑率是评价检察机关公诉部门、反贪部门、反渎部门业绩的重要指标，故检察机关一旦提起公诉进

① 参见林钰雄：《检察官论》，法律出版社2008年版，第21页。

入审判程序，法院即使认为被告人的行为不构成犯罪，或者本案事实不清、证据不足，应依法宣告无罪，但考虑检察机关的办案考评问题和错案追究问题，加之检察机关不断施加的诉讼影响，法院通常也不会直接作出无罪判决，而是选择作出有罪裁判，从轻处理；或者与检察机关沟通，程序倒流①，检察机关撤回起诉自行处理。结果通常是检察机关退回侦查机关或者侦查部门取保候审，期限届满不了了之。但侦查机关没有撤案，就意味着被追诉人的犯罪嫌疑人身份仍然没有解除，刑事诉讼程序仍然在进行过程中，被追诉人没有从刑事诉讼中解脱出来。可见，检察机关执法办案考评机制中的不合理因素对刑事诉讼出入罪功能正常作用的影响之大。

三、疑罪②从有、疑罪从诉

疑罪作为刑事诉讼活动的残次品，基本特征是“事实不清、证据不足”，有罪证据与无罪证据互相矛盾，无法作出有罪判定。检察机关执法办案考评机制中的不科学、不合理因素对刑事疑案的裁处也产生了重要的影响。如前所述，其中的撤案率、起诉率、有罪判决率、无罪判决率和实刑率等直接影响考评结果的关键指标，会促使检察机关即使对于事实不清、证据不足的疑案，也会选择提起公诉，而不是依法作出证据不足不起诉决定；而案件起诉到法院后，检察机关又会不遗余力地要求法院作出有罪裁判，甚至是实刑裁判。唯有如此，检察机关的相关办案部门才会避免被上级检察机关在年终考评中扣除大分值，从而避免不良的考评结果。

① 参见汪海燕：《论刑事程序倒流》，载《法学研究》2008 年第 5 期。

② 也有人将之称为“疑案”，关于其基本内涵，理论上存在一定争议。一种观点认为疑案是指疑难复杂的案件；第二种观点认为疑案仅限于事实不清、证据不足，无法判定犯罪嫌疑人、被告人是否有罪的刑事案件；第三种观点认为除了包括狭义的刑事疑案外，疑案还包括罪轻罪重事实不清、证据互相矛盾的案件。（参见胡常龙：《论刑事疑案的二难选择》，中国政法大学出版社 2014 年版，第 1 ~2 页）

四、非法证据入讼、非法证据排除难

非法取证、取供问题长期存在于我国的刑事司法实践中，屡禁不止。而该现象之所以如此，一个很重要的原因就是我国长期缺乏严格的证据能力审查制度，非法证据无法通过法定的程序得以排除，最终成为定案的根据。从检察机关执法办案考评机制的角度看，其中的不合理、不科学因素也成为非法证据入讼的重要原因。司法实践中，一些非法获取的口供和证人证言一旦被排除，可能就意味着司法机关无法对犯罪嫌疑人、被告人作出有罪判定，而无罪释放通常采取的方式是撤销案件、不起诉或者法院直接宣告无罪。这些方式无一例外会导致检察机关的相关办案部门在上级检察机关考评中被扣除大量分值，进而严重影响这些部门的考评成绩。所以，在审查起诉过程中，检察机关虽然有权力排除非法证据，但公诉部门通常也不会主动排除，特别是自侦案件。而在审判阶段，即使法院启动了非法证据排除程序，检察机关作为取证行为合法性证明责任的承担者，也会极力地举出取证行为合法的证据并对法官施加影响，尽量避免非法证据被排除。法官对非法证据排除程序的决定性影响，意味着非法证据排除与否要取决于法官，而实践中法官往往容易认同检察机关的主张，并容易受检察机关的影响，结果通常是非法证据排除不能。

五、检察机关偏离客观公正轨道，诉讼定位不准

检察官在刑事诉讼过程中不应当是“追诉狂”，而是负有客观公正之义务。按照联合国《关于检察官作用的准则》的规定，检察官的客观性义务主要包括以下内容：（1）不歧视任何人；（2）按客观标准行事；（3）保证公众利益；（4）必要时终止追诉；（5）依法保护犯罪嫌疑人合法权益；（6）酌处中的客观公正。有学者将客观公正义务细化为以下四点：（1）客观全面地搜集、审查和运用证据；（2）平等公正地对待案件当

事人；（3）既要追诉犯罪也要保护人权；（4）全面听取当事人意见。[①] 检察机关执法办案考评机制的不科学、不合理因素在一定程度上影响到检察机关履行职责的客观公正性。例如，撤案率的考评导致职务犯罪侦查部门即使认为犯罪嫌疑人的行为不构成犯罪，或者事实不清、证据不足也拒不撤案；不起诉率则会导致公诉部门即使认为犯罪嫌疑人不符合起诉条件或者证据达不到公诉标准也选择提起公诉；有罪判决率则会促使公诉部门不遗余力地追求有罪判决，即使有些案件事实不清、证据不足也在所不惜；实刑率会促使公诉部门即使认为有些案件不需要判处实刑，也会要求法院判处实刑。这些都使检察机关背离了客观公正义务的要求，最终损害的是被追诉人的合法权益。

六、滥用诉讼期限，久拖不决

诉讼久拖不决的现象常见于刑事疑案中。刑事疑案对于公检法三机关来说都是一块烫手的山芋，不好处置。当然，仅仅从刑事诉讼立法的角度看，其很好处理，宣告无罪就可以了。但实践中，刑事疑案往往都会久拖不决。其中一个很重要的原因是刑事诉讼专门机关考评办法的影响。就检察机关而言，根据前面的论述，一旦法院对起诉的案件宣告无罪，职务犯罪侦查部门（当然指的是职务犯罪案件）、公诉部门、侦查监督部门的考评成绩都会受到严重影响。根据淄博市人民检察院的考评办法，反贪部门侦查的案件，如果被告人被宣告无罪，每人减 10 分；侦查监督部门捕后判无罪的每人扣30 分；反渎部门侦查的案件，判无罪的每人减3 分。为了避免案件被判无罪，各专门机关都尽可能地用足用满诉讼期限，甚至超期限，导致案件久拖不决。

七、诉讼程序不正常倒流

为了有效地追诉犯罪，避免冤枉无辜，对于符合法定条件的案件，刑

---

① 参见张智辉：《检察权研究》，中国检察出版社 2007 年版，第 282～284 页。

事诉讼法规定可以采取退回补充侦查、撤回起诉、发回重审等程序倒流方式解决问题。但实践中，为了避免不良的业绩考评结果，出现了不正常的程序倒流现象。例如公诉部门的不起诉决定直接影响到侦查监督部门的考评结果，淄博市人民检察院的侦查监督考评办法就明确规定“捕后不起诉的，每人扣20分”。为了避免侦查监督部门的不良考评结果，本院的公诉部门在审查起诉过程中，即使认为案件不符合起诉条件，应依法作出不起诉，通常也不会直接作出不起诉，而是退回补充侦查。若退侦两次仍然认为达不到起诉条件，侦查部门还可以选择撤诉处理。法院审判过程中认为被告人行为应依法宣告无罪的，通常也不会直接宣告无罪，而是与检察机关沟通，检察机关主动撤诉，后退回补充侦查。如果实在收集不到必要的证据，侦查机关通常也不会直接撤案，而是采取变通性方法不了了之。这些程序倒流方法主要目的在于规避不良的业绩考评结果，防止检察机关相关业务部门被扣除较大分值，进而影响考评成绩。考评成绩成为了刑事诉讼程序不当倒流的重要原因。

八、检察机关执法办案考评机制制定过程中的部门主义问题

检察机关在确定考评指标和考评内容时，虽然也考虑和参考法院和公安机关的业绩考评办法，但更多的是从本部门的角度出发，针对检察机关工作实际制定。如果没有充分考虑整个刑事诉讼活动的特点和规律，没有同时关注和研究公安机关和法院的业绩考评机制，就可能导致检察机关执法办案考评机制中的一些内容不科学、不合理，甚至背离刑事诉讼活动的规律和特点，实践操作起来出现困难。

例如，调研中就有检察官反映将纠正公安机关的刑讯逼供等违法行为专项活动作为加分项不符合司法实践发展的变化要求。因为随着侦查技术手段的进步和全程录音录像的普及，加之刑诉法规定拘捕后必须在24小时解送看守所，且随后的审讯必须在看守所内进行等原因，刑讯逼供的现象越来越少，侦查活动日趋合理化，所以将这类专项活动作为侦查监督部

门的加分项并不合理。再如将无罪判决率作为重要的减分项，无罪判决的作出并不是由检察机关控制，定罪量刑是法院的权力，法院在审判过程中与检察机关的意见出现分歧是正常现象，有些案件作出无罪判决是符合司法规律的，是正常司法现象。检察机关将自己所不能控制的法院无罪判决比率作为重要考评指标，固然有助于督促检察机关严把起诉关，慎重起诉，但这在实践中导致检察机关为了避免法院作出无罪裁判影响自己的考评成绩，想方设法对法院的裁判施加影响，极力要求法院作出有罪裁判。这样不仅使检察机关背离客观公正义务要求，而且影响检察机关良好形象，对法院独立公正审判产生不当影响。

除了检察机关执法办案考评机制制定过程中的部门主义之外，检察机关内部同样存在部门主义的问题。检察机关内部的各个部门在制定本部门的执法办案考评机制时，往往也是仅仅考虑本部门的工作特点和规律，从本部门的角度出发制定执法办案考评办法，对整个检察机关的执法办案工作良性互动和互相影响等问题关注较少，缺乏检察工作一盘棋的思想，这也会导致执法办案考评机制出现不协调、不合理的问题。

九、助推冤假错案的形成

冤假错案的形成原因是多元的，其中一个很重要的原因是刑事疑案的不当裁处，即疑罪从有、疑罪从轻。分析近年来发现并确认的冤假错案，其最初的证据形态都是处于“事实不清、证据不足”的状态。诉讼过程中可能侦查机关、检察机关和审判机关也认识到案件事实不清、证据不足，但却不敢直接作出无罪裁断。其背后的一个重要原因就是刑事诉讼专门机关业绩考评办法。就检察机关而言，其业绩考评办法中的撤案率、起诉率、有罪判决率、实刑率等都对疑罪从有裁判结论的形成发挥着不可忽视的作用。为了避免不良的执法办案考评结果，检察机关通常会对法院的裁判施加影响，而法院往往又会受检察机关意见的影响（当然还有公安机关的影响），基于多方考虑，对刑事疑案作出有罪裁判，从轻处理。① 疑罪从有、疑罪从轻则为冤假错案的形成埋下了隐患。可见，包括检察机关在内的刑事诉讼专门机关业绩考评办法中的不科学、不合理因素已经成为疑罪从有、疑罪从轻裁处的重要原因。

十、审判监督程序纠错功能的低效甚至无效

从刑事诉讼立法的角度看，审判监督程序作为专门针对已经生效裁判而设置的一道救济程序，希望在纠正冤假错案过程中发挥重要作用。但从实践运行的情况看，我国的审判监督程序在纠正刑事冤错案件过程中所发挥的作用很小，基本上是处于低效甚至无效的状态。实践中单独通过审判监督程序宣告无罪的案件少之又少，除非出现了不得已的情形，即我们常说的“真凶发现”和“亡者归来”。② 之所以会出现上述不正常现象，一个重要原因在于已经作出有罪裁判结论的刑事案件一旦被宣告无罪，整个的刑事诉讼专门机关都可能因此受到错案追究，而根据刑事诉讼专门机关业绩考评办法，通常可以一票否决或者被扣很高的分值，也就意味着涉案机关和办案人员因此丧失了争优创先的资格。所以，检察机关的错案追究制和执法办案考评机制对审判监督程序的纠错功能的发挥产生了一定的消极影响。

十一、证据采信的片面性和诉讼判断的失真性

由于受检察机关执法办案考评机制的不科学、不合理因素的影响，实践中有的检察官过分地重视有罪证据、罪重证据的证明价值和作用，忽视无罪证据、罪轻证据的证明价值和作用，导致证据运用的片面性和诉讼判断不准确，进而影响到公正司法。

---

① 当然也有没有从轻处理的，例如湖南的滕兴善案件。

② 通过“真凶发现”纠正的冤错案件如辽宁的李化伟案件、云南的杜培武案件、河北的李久明案件，通过“亡者归来”纠正的冤错案件如湖北佘祥林案件、河南赵作海案件、湖南滕兴善案件等。

第五节 完善检察机关执法办案考评机制的基本原则

通过调研和分析调研材料，我们深深地认识到，检察机关执法办案考评机制对于充分调动检察机关和检察官执法办案工作积极性、主动性，科学评价检察机关和检察官工作实绩，进而充分发挥检察机关和检察官在维护社会公平正义过程中的职能作用等意义重大。这是检察机关执法办案考评机制的主要价值和功能所在。其中的一些不科学、不合理因素对刑事诉讼活动和检察机关职能作用发挥产生一定的消极影响，需要引起足够重视。科学评价和理性认识这些不科学、不合理因素无疑是完善和规范检察机关执法办案考评机制的关键所在，也是充分发挥检察机关执法办案考评机制积极作用的核心着力点，本节将对完善检察机关执法办案考评机制应把握的几个基本原则进行分析。

一、法治原则

检察机关作为我国的司法机关，法治原则是其一切业务工作的基本出发点和基本原则。在检察机关执法办案考评机制的制定和完善过程中，我们同样必须遵守法治原则。首先，检察机关执法办案考评机制的制定和完善必须有利于巩固、维护和实现法治，主要是刑事法治。故其内容、形式、程序等都必须符合法治的要求，或者说是法治原则在检察机关执法办案考评机制中的具体体现。其次，检察机关执法办案考评机制的制定和运行必须符合司法的规律和特点，必须真正体现检察机关司法活动的基本特点和基本要求，必须能够通过科学的评价指标和方式对司法活动和检查工作作出准确、合理的评估。再次，检察机关执法办案考评机制的制定和运行应当站在整个司法活动的层面来审视和把握，既要充分研究和分析检察工作的运行脉络和基本规律，还必须高度重视整个司法活动的基本特点和规律，不能闭门造车，自说自话。这样才能保证检察机关执法办案考评机制在法治的轨道运行，同时又有利于推动法治的巩固和发展。

二、实体公正原则

公正是司法的基本价值和核心追求。检察机关执法办案考评机制的制定和推行，其根本目的在于实现司法公正，特别是实体公正。所以，检察机关执法办案考评机制的制定和运行，必须始终高度重视司法公正的基本要求，必须有利于最终实现实体公正。反之，如果检察机关执法办案考评机制阻碍或者影响了公正特别是实体公正的实现，那只能说明该考评机制出现了问题，说明该考评机制不够科学、合理。

三、程序正义原则

检察机关执法办案考评机制需遵循的另一个重要原则是程序正义原则，主要体现在两个方面：第一，检察机关执法办案考评机制的制定和修改程序必须是符合正义要求的，是正当的、科学的、合理的。例如制定前要经过大量的实证研究来深入了解和把握检察机关执法办案工作的基本特点和规律，考评机制草案出台后要广泛征求意见，不仅要征求检察系统的意见，还需要征求法院和公安机关的意见，甚至还可以征求社会的意见等。另外，如果草案不够成熟，还可以先实行总结经验成熟后再确定。一旦确定，就需要保持相对的稳定性，不能朝令夕改。第二，检察机关执法办案考评机制本身所规定的考评程序和内容也应当符合程序正义的要求。

四、高效监督原则

检察机关业绩考评办法规范和完善的一个重要着力点在于实现高效监督的诉讼目的。从宪法和刑事诉讼法的定位看，法律监督和诉讼监督是检察机关的核心权能，如何实现有效监督、高效监督是检察机关所有制度和规范性文件首先必须关注和考虑的内容，当然也是检察机关考评制度和办法的基本目标。

五、客观义务原则

客观公正义务是检察机关履行法律监督职能的基本要求，检察机关“不是追诉狂”，“检察官在刑事诉讼法上，与法官同为客观法律准则及实体真实正义的忠实奴仆，‘勿纵’之外还要‘勿冤’，‘除暴’之外还要‘安良’，并非也不该是片面追求攻击被告的狂热分子”。[①] 检察机关业绩考评办法和制度设立的根本目的在于保障检察权规范高效地行使，而检察权行使的一个基本要求是立足于客观公正义务，而不是将关注点仅仅放在追诉犯罪上，理性的做法是既要关注于对惩罚犯罪的考评，又要重视对于保障人权的考评，应将两者有机统一于考评办法和规定之中。

六、科学评价原则

检察权是囊括职务犯罪侦查权、公诉权、侦查监督权、狭义的法律监督权等多项权能在内的一项综合性国家权力，其中不同的权能运行特点、规律、程序等均存在不同程度的差异，机械地评价和衡量各项子权力极容易导致评价指标和评价结果出现偏差，也势必影响到评价结果的科学性、合理性。因此，如何针对各项子权力运行的特点、规律、程序等设定科学、合理的评价指标和评价体系就成为检察机关业绩考评办法规范和完善的基本要求。

七、人权保障原则

现代刑事诉讼目的观认为，检察机关作为刑事诉讼重要的专门机关，惩罚犯罪和保障人权都是其关注的重要诉讼目标，且处于同等重要的位置。检察机关业绩考评办法不能仅仅关注对惩罚犯罪的考察和评价，还必须关注到保障人权的实际成效，否则就会顾此失彼，导致评价办法不科学、不合理。人权保障原则是检察机关业绩考评办法规范和完善的基本原则。

---

① 林钰雄：《检察官论》，法律出版社2008年版，第21页。

八、诉讼平衡原则

检察机关业绩考评办法的制定和出台不应当闭门造车，也不应当自说自话，必须综合考虑整个刑事诉讼活动的特点、规律，必须系统研究公安机关、审判机关权力运行的特点和规律，以及对检察权的影响和制约。也就是说，检察机关业绩考评办法的规范和完善必须系统研究和考虑公安机关、审判机关的业绩考评办法和制度，三者应当协调平衡，并有利于三机关高效、理性、规范地参与整个刑事诉讼活动，完成刑事诉讼任务，实现刑事诉讼目标。

第五章 法院业绩考评制度研究

法院业绩考评制度是指人民法院运用科学的方法，依据客观的标准，结合人民法院日常工作实际，制定出能够反映审判管理、司法行政管理、组织队伍建设等工作的评价标准，对人民法院的司法能力、司法效率、司法质量进行全面考察、评估，是实现司法公正的一项制度化、规范化的法院管理活动。司法实践中，各级法院长期以来以立案数、结案率、上诉率、发回重审率、上诉改判率等作为业绩考评的指标。这种没有系统全面的考核体系而单纯依赖数字化的评价方式很难做到对法院工作进行全面的衡量。再者，现行的法院业绩考评制度有着浓厚的行政色彩，上下级法院之间采用行政式考核的方式，导致了法院之间独立性的丧失，架空了我国当前两审终审的审级制度。因此，重构我国的法院业绩考核制度，建立一套行之有效的考核办法也就显得更加迫切。本章以刑事诉讼为视角，选取三地法院为实例，初步思考和探讨我国法院业绩考评制度存在的问题以及完善的基本理路，以期为我国法院考评制度的发展有所贡献。

第一节 法院业绩考评制度概述

一、法院业绩考评制度的理论界定

（一）法院业绩考评制度

法院业绩考评制度是指人民法院运用科学的方法，依据客观的标准，结合人民法院日常工作实际，制定出能够反映审判管理、司法行政管理、组织队伍建设等评价标准，对人民法院的司法能力、司法效率、司法质量进行全面考察、评估，通过合理运用考评结果来保障和促进人民法院各项工作和内部管理机制科学、有效、合理开展和运行，是实现司法公正的一项制度化、规范化的法院管理活动。一套权责明确、运转规范、执行到位、监督有力、奖惩并举的，符合审判工作规律，体现法院工作实际的业绩考核制度对于有效提高审判质量、转变司法作风、提升法官职业素养、维护司法公正和社会正义具有重大的现实意义。

从法院业绩考评制度的定义中可以看出，法院作为国家的审判机关，执掌国家的审判权，其考评标准和机制与普通国家行政机关有所区别，更异于企业的考核，既不能简单套用公务员考核方法，更不能照搬企业职工的考核办法。

正如前文所述，考评与考核在评价法院业绩方面，一定程度上并不作明确区分。目前我国并未统一对法院业绩考评制度的称呼，学界也有不同的看法，除了笔者所采用的“法院业绩考评制度”外，有称之为“法院业绩考核制度”“法院业绩考评机制”“法院绩效考核办法”，还有称之为“法院业绩评价体系”“法院绩效评估与奖惩制度”“法院绩效考核标准体系”等。这些概念的侧重点各有不同，但是也存在共同之处，完整意义上的法院业绩考评制度应该在以下几个方面有所体现：

一是法院业绩考评的规范基础。法院业绩考评的顺利开展必须以相应规范的制定为基础，这也是保证考评结果公正性和权威性的根本。考评规范或者规则必须明确法院业绩考评的主客体、内容和标准以及奖惩措施等。

二是法院业绩考评的实施。法院业绩考评的实施是将抽象的制度规范具象为现实的考评过程，这一过程是考评主体依据一定的考核标准和内容针对考核对象的表现所作的评估和判断，最后得出相应的考核结论。

三是法院业绩考评结果的运用和反馈。法院业绩考评的目的不在于实施，而是通过对考评对象的考核，发现其工作中存在的问题，并及时将考评结果予以反馈，敦促考核对象解决问题、反省自我，保障法院各项工作的有序开展。

四是法院业绩考评的制度保障。法院业绩考评应当是一个循环往复的带有持久性特点的过程，不是仅强调结果，过程同样重要，这需要相应的保障机制使之规范化、制度化，形成交互影响的体系和制度，保障法院业绩考评能够持续和完善。

（二）法官与法院业绩考评

法官，根据《牛津法律大辞典》的解释，是指“对其职责是裁决纠纷和其它提交给法院决定的事情的人的总称”[①]。西方学者认为法官的实质就是专职裁判案件或问题的人，法官是一种职业，强调的是法官的职业属性和专业化特征，世界上最早的职业法官在古罗马时期就已经出现。

中国最早出现“法官”一词是在战国时期的《商君书·定分》一书，书中载：“法官掌管法令，吏民欲知法令者，皆问法官。”中国古代历朝对于“法官”的称谓也不尽相同，比如“士”“司寇”“推事”“廷尉”“判官”“司事”等，近代也有“承审”“审判员”等。新中国成立后，使用的是“审判员”一词。对于法官的含义，民众并没有一个清晰的概念，直到 1995 年《法官法》的颁布，才从立法的角度对“法官”的定义和范围进行了明确限定。[②]

“如果将法律喻作一个国家，那法院就是国家的都城，法官就是权力最大的帝王。”[③] 一定意义上讲，可以将法院理解为法官的集合体，法官是法院司法审判活动的主导者和主要参与者，法官无疑也是法院业绩考评的主要对象。

在法院整个运转体系中，司法审判是法院工作的重中之重，法院基本所有的工作都是围绕审判活动开展，而法官又是司法审判的主要承担者，换句话说，法官承担着法院职能实现的责任，法官能力和职业素养的高低直接决定着法院职能的履行程度。对法官的业绩进行考评更符合考评的初衷和目的。但是需要强调的是，重视法官的考核并不代表忽视法院其他司法人员工作的重要性，毕竟作为一个整体，法院的协调有序运转离不开每

---

① ［英］沃克：《牛津法律大辞典》，周建译，光明日报出版社 1988 年版，第 48 页。

②《法官法》第 3 条规定：“法官是依法行使国家审判权的审判人员，包括最高人民法院、地方各级人民法院和军事法院等专门人民法院的院长、副院长、审判委员会委员、庭长、副庭长、审判员和助理审判员。”

③ ［美］罗纳德·德沃金：《法律帝国》，李长青译，中国大百科全书出版社 1996 年版，第 361 页。

一个工作人员的努力。只是要重视法官考评在法院考评中的核心地位，紧紧围绕法官考评为中心，凸显法官工作在司法实践中扮演的重要角色，将法官业绩考评作为法院业绩考评中的最主要内容。因此，本章所探讨的法院业绩考评很大程度上是指对法官的考评。

二、我国法院业绩考评制度的依据

（一）我国法院业绩考评制度的法律依据

1. 为我国法院考评提供宏观指导的基础性法律规范

为我国法院业绩评价提供宏观指导和原则性支持的法律规范主要是《宪法》《法官法》和《公务员法》。尤其是《法官法》和《公务员法》，作为对法官这一特殊公务员群体进行考核的纲领性文件，虽然两者在制度设计和考察理念方面存在一定的问题，但确实对法官考评工作的有序开展和运行产生了不可磨灭的影响，且在更合适于法官群体业绩考核的法规出台前，这两部法律无疑还将继续发挥重要的指导作用，为法官工作评价提供较高位阶的法律支持。

《宪法》作为国家的根本法，规定了国家机关的组织和活动原则，也为我国法院业绩考评制度提供了根本的宪法依据。我国《宪法》第27条规定：“一切国家机关实行精简的原则，实行工作责任制，实行工作人员的培训和考核制度，不断提高工作质量和效率，反对官僚主义。”该条不仅是法院也是我国所有国家机关开展考评工作最根本之依据。

作为现行法律体系中法官的“职业法”，《法官法》宏观地规定了法官的管理和考评制度，是我国进行法官考核的主要制度依据和法律渊源。现行《法官法》第41条对于法官的考核内容进行了列举式规定，包括审判工作实绩、职业道德、专业水平、工作能力、审判作风，并将审判工作实绩列为重点考核对象。① 另外，《法官法》还规定了考核原则、考评的组

① 《法官法》第41条：“对法官的考核内容包括：审判工作实绩、职业道德、专业水平、工作能力、审判作风。重点考核审判工作实绩。”

织实施单位、领导与群众相结合、平时考核与年度考核相结合的评价模式、考核等级的划分、结果的运用以及考核对象对考核结果不满时的救济途径等。《法官法》制定于1995年2月28日，后分别于2001年6月30日、2017年9月1日、2019年4月23日进行过三次修订。

颁布于2006年1月1日的《公务员法》是在继承和完善《国家公务员暂行条例》的基础上加以制定的，其第2条明确规定："本法所称公务员，是指依法履行公职、纳入国家行政编制、由国家财政负担工资福利的工作人员。"该条定义了公务员的范围，明确将法官化分到公务员序列中，法官是公务员队伍的特殊组成部分，受《公务员法》的约束和调整，同样受公务员考评方式的制约，这就在一定程度上决定了法官考核与公务员考核在模式和运作机制上存在同构性的特点。从内容和章节的设置来看，《法官法》也确实借鉴了《公务员法》的立法模式和结构体例，包括考核的组织机构、内容、方式、等级划分、结果应用等方面都受到了《公务员法》（确切说应该是《国家公务员暂行条例》）的影响，明显带有公务员考核的影子和特征。从我国的法律体系和法律之间的位阶关系的角度分析，《法官法》是《公务员法》的特别法，《公务员法》作为普通法，也理所当然地是法官考评所依据的基本法律规范。

但法官代表国家行使审判权，与普通公务员不同，其在身份上还具有法律职业群体的特殊属性，单纯一味照搬公务员"德、能、勤、绩、廉"式行政化的考评模式并不利于法官职业化建设和专业素养的提升，也无益于法院管理工作的开展和司法公信力的建设。因此如何在不违反《公务员法》规定的前提下建立一套符合法官司法工作特点的、科学规范的业绩考评制度，是我国司法从业人员面临的一道重大的难题。

2. 为我国法院考评提供具体指导的规范性文件

上文提到的法律规范只是为我国法院的考评工作起到宏观的指导，如何有序高效地组织和安排考评工作需要更为具体、细化的办法和政策性文件来指引，目前我国主要有如下几个规范性文件：

一是《法官考评委员会暂行组织办法》，该办法制定于1996年。《法官法》虽然专章介绍了法官考评委员会，但是对于考评委员会如何开展对法官的培训、指导、评议并没有详细规定。因此最高人民法院专门制定了《法官考评委员会暂行组织办法》作为《法官法》的配套规定，从职责、组织机构、功能以及工作开展等方面全方位地介绍了法官考评委员会。

二是最高人民法院于2008年7月制定的《关于当前进一步加强人民法院队伍建设的意见》。该意见具体规定了落实案件评查、考评业绩归档以及实施岗位考评等内容，明确指出要在全国的法院系统中全面建立和推行统一化、规范化、标准化的司法考评体系，该体系也是最高人民法院为深化人事干部体制改革、全面推进法官职业化精英化所作出的重要部署和决策。

三是《最高人民法院关于开展案件质量评估工作的指导意见》。该意见明确指出要深刻认识案件质量评估工作的重要意义、努力构建合理公正的案件质量评估体系、切实提高案件评估水平、全面发挥评估机制的作用，并根据审判工作的需要，详细规定了评估体系各项指标的划分标准，通过公式的形式将各项指标的计算方式予以呈现，为法院考评提供了切实可行的操作规范。

除此之外，最高人民法院发布的四个五年改革纲要也对法院业绩考评机制的完善提供了具体的规范依据和方向引导。比如《人民法院第二个五年改革纲要（2004~2008)》提出："改革法官考评制度和人民法院其他工作人员考核制度，发挥法官考评委员会的作用。根据法官职业特点和不同审判业务岗位的具体要求，科学设计考评项目，完善考评方法，统一法官绩效考评的标准和程序，并对法官考评结果进行合理利用。"①《关于全面深化人民法院改革的意见——人民法院第四个五年改

①《人民法院第二个五年改革纲要（2004~2008)》，载《中华人民共和国最高人民法院公报》2005年第12期。

革纲要（2014～2018）》强调："建立科学合理、客观公正、符合规律的法官业绩评价机制，完善评价标准，将评价结果作为法官等级晋升、择优遴选的重要依据。建立不适任法官的退出机制，完善相关配套措施。"①

（二）我国法院业绩考评制度的理论依据

1. 我国法院业绩考评制度的必要性和合理性

我国的公共部门都由国家财政来支撑其日常的运行和各项活动的开展，法院作为公共部门之一，也必须依靠国家财政支持，从本质上来说，政府部门都是靠公共资源或者说纳税人的供养来维系其运行经费和开支。这种公共属性决定和要求法院等公共部门应当实现公共资源利用的最大化、最优化和最充分性，任何因素包括但不限于因低效率的机构运转、部门功能异化、职能重叠、配置机制不合理等导致的资源浪费和虚耗都是不被容忍和准许的。因此为了防止出现上述现象，必须通过建立和完善高效、科学、规范的法院业绩考评机制，合理引导和分配司法资源、提高司法资源利用效率和质量，切实服务和实现人民群众的现实司法需求，努力让人民群众在每一案件中感受到公平和正义。

再者，随着我国市场经济体制的不断完善，人民群众的法治观念和法律意识也日益增强，当私力救济无法满足群众自我权利维护需求的时候，越来越多的人开始诉诸法律，寄希望于通过法院公正审判来保护自身的合法利益。这就导致了我国法院尤其是基层法院受理的案件数量呈爆发性增长趋势。相对于案件数量的暴增，法官数量却并没有相应增加，加之近年来在司法系统推行的法官、检察官员额制改革，具备办案资格和权限的法官人数不增反降，大量长期工作在办案一线、能力突出但年龄相对较小的助理审判员因未能进入员额而丧失了审判的权力和资格，法院人少案多的尴尬局面愈发突出，法官面临的审判任务也愈加繁重。如何化解人民群众

---

①《关于全面深化人民法院改革的意见——人民法院第四个五年改革纲要（2014～2018）》，载《中华人民共和国最高人民法院公报》2015年第7期。

日益增长的司法需求与法院案多人少的现实矛盾是摆在每一个司法从业人员和法院管理者面前的重大课题。在人员编制有限的情况下，提升司法审判效率、建立和完善案件审判管理机制或许是破解这一难题的根本之道，建立一套科学、高效的绩效考核评价机制在法院整体管理工作中已逐渐成为一个基础性环节，对于提升法院工作效率、限制法官权力滥用、改进法院工作，都有着极为重要的现实意义，这也是开展业绩考评工作的合理性和必要性的体现。

2. 限制权力滥用，维护司法公正的迫切需要

我们在提及法院工作的重要性时，经常以人民权利的保护屏障来形容，因为法院的裁判结果往往关系到个体的生命与自由。① 法院的职责就是通过定纷止争来维护社会的公平与正义，法官代表国家来行使审判权，在审判的过程中能否保持独立公正、自由裁量的尺度是否科学合理都关系到法院职能能否有效实现。具体到个案，也事关案件当事人的合法权益能否得到有效的保障，即从程序法角度来讲，事关当事人能否平等参与诉讼；从实体法角度来讲，事关当事人的权利能否得到有效救济。

不同于一般公务员，法官基于其特殊的工作性质，所作出的裁判和决定往往关乎案件当事人的切身利益，决定了当事人权利义务的归属。民事案件往往是对当事人财产处置、处分，刑事案件还牵涉到人身自由的剥夺和限制，更严重的是对生命的剥夺，无论是对财产、自由还是对生命权利的处分，这对个人乃至一个家庭而言都是举足轻重的。因此要做到不枉不纵、不错不漏、不偏不倚，让每一个公民都能感受到公平正义，这就必须保证法官审判权合理、合法地运用。

法律不是万能的，并不能涵盖生活的方方面面，当法律对某一问题没有具体的针对性规定而仅有原则性的规范指导时，这种情况下法官的自由裁量权往往会被无限放大，成为决定案件走向和诉讼胜负的关键性因素。

---

① 参见肖扬：《法院、法官与司法改革》，载《法官职业化建设指导与研究》2013 年第 2 期。

如果法官能够合理、充分行使自由裁量权限，对于定纷止争、化解矛盾、维护社会和谐稳定会有积极的作用；但若法官滥用手中权力，就会成为权力寻租的温床，司法腐败就不可避免。从这个角度看，必然要采取一定措施限制和控制法官的权利。孟德斯鸠在其专著《论法的精神》中有一句著名论断："一切有权力的人都容易滥用权力，这是一条万古不易的经验。有权力的人们使用权力一直到遇有界限的地方才休止。"① 权力一旦被滥用，就像出了牢笼的狮子，后患无穷。因此如果审判权被不当利用，小则当事人权利遭受严重损害，大则影响到整个司法权的声誉。因此制定一套科学合理的法院业绩考评标准与机制，对于制约和监督审判权力，维护社会公平正义具有重要的现实意义。

3. 基于我国法官选任的历史以及推进法官精英化、职业化建设的内在要求

法律的生命在于实施，任何一种制度再完美也需要通过人来实施，因此，法官职业群体素质的高低直接影响甚至决定了我国司法现代化进程的快慢。"1983 年以前，我们对法官的专业知识没有明确的要求，加之当时司法工作人员数量严重不足，在这特定历史时期，法官来源渠道很多，比如工厂、农场、学校、部队等，这些人的共同特点是文化水平和专业知识水平较低，没有接受过法律专业教育，更没有法律工作的经历。"②

虽然近年来我国不断提高法官的准入门槛，大力倡导法官的职业化建设，在全国范围内实行法官员额制改革，对于每年通过公务员招录进入的在编人员也强调必须受过正统的法科教育，业务岗位要求报考人员必须通过国家统一司法考试，这一系列的革新对于法官群体整体综合素质的提高大有裨益。但是不得不承认的是，现在法院中层以上干部年龄大多集中在 35 ~ 50 岁，其中有相当一部分人未受过基本的法学教育，通过军队转干、

① [法] 孟德斯鸠：《论法的精神》上册，张雁深译，商务印书馆 1961 年版，第 154 页。

② 中国法官管理制度改革研究课题组：《中国法官管理制度改革研究》，载《政治与法律》1999 年第 4 期。

公务员系统内部职务调整等方式进入法院，这部分“半路出家”的法官整体法律职业素养还是偏低。

法官的职业化和精英化是法治社会建设的一个基本特征和趋势，也是完善现代司法体系的内在要求。随着我国法治进程的不断快速推进，法官精英化的重要地位和作用也日益突显，这就对直接行使审判权的法官群体在法律素养、专业知识储备和审判业务技能等方面提出了更高标准的要求。法官应该具备符合职业特点的角色定位、意识形态、思维模式、行为方式和理论素养。在当下全面推进法官队伍职业化、专门化的历史潮流中，法院业绩考评在提升法官整体素质、激发法官内在潜力、推动法官能力建设等方面的积极作用恰恰契合了这一主题。通过业绩的考核评定，根据法官应当具备的能力和素质，对比法官在审判工作中的表现和成绩评优选先、奖励模范，同时，对于不能胜任法官工作的，实行末位淘汰，以实现法官队伍专门化、权威化、精英化的预定目标。

4. 加强法院科学化管理、激励法官自我发展和完善的重要手段和途径

法国著名的管理学家亨利·法约尔认为，管理是所有人类组织不论是家庭、企业或政府都具有的一种活动，这一活动包括计划、组织、指挥、协调和控制。[①] 美国的管理学家菲利普·库珀在其著作《二十一世纪的公共行政挑战与改革》中将人事组织管理分解为工作分析、职位分配、人员安排、培训发展、绩效管理考核、工作报酬以及工作岗位重新分配等环节。[②] 人事管理制度是现代社会组织管理机制的重要部分，是决定社会组织有序发展和良性运行的基础性环节。法院作为一个社会组织，要想有序高效地开展和运行，必须配置合理科学的人事管理制度。具体来说，法院的业绩考核和评价机制属于亨利·法约尔论断中的组织控制机能，也就是菲利普·库伯图解中的绩效管理考核环节。所有这些环节包括绩效考评系

---

① 参见王少南：《法院实用管理学》，人民法院出版社2005年版，第11页。

② 参见［美］菲利普·库珀等：《二十一世纪的公共行政挑战与改革》，中国人民大学出版社2001年版，第269页。

统有效地配合，才能保证法院这一国家机器的有序运转，才能实现法官职业群体的职业化、精英化。

实施法院业绩考核评定能够在一定程度上预防人事管理腐败，单位或者部门领导任人唯亲、用人唯利等现象和问题。通过设计各种考评指标，对法官等法院工作人员的工作绩效和业务能力进行评定，能够有效全面地获取被考评人员业务素养、政治素质、职业修养等综合信息，以此作为选先评优、人事任免、干部晋升的依据和重要的参考标准，也能快速解决组织与新入职人员之间信息不对称和可能存在的逆向选择问题。有了明确的选任标准和资格条件，也能有效制约法院领导干部通过掌握人事任命而谋取个人私利从而导致的贪污腐化。

被肯定和认可是人的社会属性的体现之一。作为人，法官当然也不能除外，也有希望得到尊重和激励的心理愿望。考评制度设计的初衷，不仅仅是为了限制司法权力滥用，更重要的是通过科学的评价机制肯定法官的工作，对法官的审判过程进行规范化管理，满足其被认可与被尊重的心理需求。与限制法官权力相比，通过考核评价满足法官的荣誉感和心理需求才是第一位的。科学系统的业绩考评制度必然能够激励法官树立崇高的司法职业理想目标，锐意进取，不断提升自己的司法专业能力和素养，塑造健康良好的法官职业形象，进而形成具有持续性的长效激励模式，充分发掘法官专业人才优势。

5. 我国法院业绩考评制度的可行性

探讨我国法院业绩考评制度的必要性和合理性是从制度构建的应然性角度去看待问题，而对法院业绩考评制度构建的可行性进行阐述则是从机制运行的实然角度具体分析。摸索建立和完善一套符合司法审判规律和特点、为法院具体审判实际服务的绩效考评体制和相应的配套制度，从而达到充分高效发挥法院业绩考评的作用和功能的效果，不但在理论上充分、必要且合理，在实践中也具备切实可行的实施条件。

首先，日新月异的科技进步与革新为法院业绩考评制度的构建和完善提供了强大的技术支持。随着我国改革开放程度不断加深、经济水平不断提高，科学技术水平得到了长足的发展，加之世界互联网技术日益精进，云技术不断成熟，大数据时代已然到来。一方面，性能优越、不断更新换代的计算机和各种硬件设施为法院业绩考评制度的构建提供硬件支撑；另一方面，完善的数据分析系统、日益优化的操作系统等则为法院业绩考评的开展解决了软件滞后的难题。比如近年来最高人民法院在全国推行的案件管理系统，就是为构建审判执行案件信息化管理、实现案件信息可视化、汇集案件管理的大数据而研究开发的，案件管理系统的有效运用不仅能起到对案件的审判执行的公正性、法官行为的规范性进行监督和规制的作用，还可以为法官的业绩考核评估提供精准的数据支持。系统自动数据收集、整理、分析、计算、归集也极大解放了人力，释放了一部分人力资源，降低了考评的成本，且更加快速、便捷、高效、准确。

其次，关于法院业绩考评的立法和配套制度的不断完善以及管理学理论提供的理论支撑。“进入21世纪以来，我国法治建设不断取得跨越式发展。党的十八大以来，以习近平同志为核心的党中央从关系党和国家前途命运的战略全局出发，把全面依法治国纳入‘四个全面’战略布局，作出一系列重大决策部署，开启了法治中国建设的新时代。”[①] 同时也对法官审判管理的能力和水平提出了更高的要求。绩效的考核和评估作为监督和提升法官审判案件工作质效的重要手段和途径，其相关立法和政策配套也日趋完善。《法官法》《公务员法》为法官业绩考核评定工作的开展提供了宏观指导，《法官考评委员会暂行组织办法》《最高人民法院关于开展案件质量评估工作的指导意见》以及最高人民法院发布的四个“人民法院五年改革纲要”则从具体施行的角度为法院绩效考核工作的开展提供更进一步的说明和规范。现代管理学理论的纵深发展以及在不同行业内的有效运用，为不断优化的法院管理工作等司法改革举措提供了前沿的理论指导和

① 魏哲哲：《绘就全面依法治国的斑斓画卷——党的十八大以来我国全面推进依法治国新成就综述》，载《人民日报》2018年9月7日。

丰富的实践经验。法院绩效考核作为法院管理工作至关重要的一环，必然也要受到现代管理学理论的科学指导，从而在整个业绩考核制度的运行和执行过程中更加高效、规范、科学。近年来中央和各地推行的员额制改革、法官遴选制度、法院机构改革以及法官培训管理制度等也为业绩考评工作的开展积累了大量实践经验。

最后，域外成功的法院业绩考评实践经验可供参考和借鉴。我国是在近年来才提高了对法院业绩考核工作的重视程度，而西方国家较早开始了包括对法官工作评估在内的法院案件质量管理的探索，具有代表性的国家和地区有美国、德国、日本和澳门等，这些国家和地区在实践中积累了大量有益、可行的经验，为我国开展法院业绩考评提供诸多参考和借鉴。

第二节 我国现行法院业绩考评制度之实证分析

一、我国现行法院业绩考评制度的现状

由于最高人民法院针对法院业绩考评出台了多个文件，《法官法》在相关方面的规定也比较抽象，因此在实践中，各地区和各级法院以公正与效率为主题、依照科学客观合理评价、定性分析与定量分析相联系、平时考核与定期考核相结合的总体原则，结合本地区实际情况，纷纷探索建立带有自身特色的考核机制。笔者选取了其中几个法院作为样本，试图寻求各地、各级法院业绩考评制度的共通之处。

（一）A 省高院对本省中院工作考核实况

笔者选取的 A 省为东部沿海某经济发达省份，人口稠密，近年来案件增长呈高速发展态势，不断涌现各种新问题、新情况，当地法院为该区域的经济发展和人民群众利益的保护提供了充足的司法支持和法律保障。

A 省各中级法院工作的考核实例是以该省高院印发的《2014 年度中级

法院工作考核办法》为依据的，实际上是A省高级人民法院对于下级各市中院（部分考核内容涉及基层法院）工作的考核。

考核对象为全省各市中级人民法院、铁路运输中级法院和海事法院（以下统称“中院”），其中审判执行工作和司法公开工作部分指标的考核对象包括基层法院。考核的内容包括审判执行工作、司法公开工作、队伍建设工作以及管理指导工作，其中审判执行工作所占考评权重为一半以上，所以最为重要。

考评采取的是量化积分的方式，满分为1200分，其中审判执行工作满分为630分、司法公开工作满分为210分、队伍建设工作满分为180分、管理指导工作满分为180分。

审判执行工作又细分为审判工作质效考核（满分为360分）、执行工作质效考核（该部分考核对象包括中院及所属基层法院，满分为110分）、立案信访工作质效考核（满分为100分）、再审立案工作质效考核（满分为30分）以及少年审判工作考核（满分为30分）共五项内容。因为考核涉及内容复杂繁多，而审判与执行工作为法院工作的重中之重，所以下面简要介绍这两方面工作的考核内容。审判工作质效考核主要是考查服判息诉率（满分为100分，又分为一审案件服判息诉率和二审案件服判息诉率）、调解撤诉率（满分为10分）、上诉改判率（满分为45分）、上诉发回重审率（满分为45分）、再审改判率（满分为45分）、再审发回重审率（满分为45分）、法官人均结案率（满分为40分）、结案均衡度（满分为30分）等。执行工作质效考核侧重于执行案件结收比（满分为17分）、实际执行率（满分为13分）、执行信访率（满分为12分）、执行信访化解率（满分为6分）、执行信息录入率（满分为5分）、执行监督案件改撤率（满分为5分）、执行案件评查工作（满分为8分）、执行监督指导工作考核（满分为44分）。

司法公开工作考核包括审判信息公开工作（满分为30分）、审判管理工作考核（满分为30分）、新闻宣传和舆论引导工作考核（满分为30分）

以及信息化建设工作考核（满分为60分）等四项内容，每项内容根据考核需要划分不同的次考核项目。

队伍建设工作考核包括党建工作（满分为60分）、司法作风建设（满分为40分）、班子建设（满分为45分）、廉政建设（满分为35分）四项内容，每项内容也包括相应的次考核项目。

管理指导工作考核分为理论调研（满分为40分）、培训管理（满分为40分）、创新机制建设（满分为30分）、综合治理（满分为20分）、装备建设（满分为25分）、安全保卫（满分为25分）等内容及相应的下级考核项目。

（二）S省高院业绩考评制度实况

S省高院对辖区内各级法院的考核分为四个方面的内容，分别为审判执行实绩、司法政务工作、法院组织建设以及司法改革，其中尤以审判执行实绩为考评重点。审判执行实绩又分别从审判效率、审判质量、审判效果以及基本技能等方面具体分析考评。其中，审判效率内容包括结案数、人均结案数、结案率、结案均衡度、一次开庭审结率、审限内结案率、长期超审限未结率、违法超审限率等；审判质量内容包括一审案件正确率、上诉改判率、发回重审率、再审率、法律文书合格率等；审判效果的考评内容有信访投诉率、服判息诉率、实际执行率、执行到位率等；基本技能主要涉及业务研判能力、庭审驾驭能力、法律知识的运用能力等方面的考查。司法政务工作主要是指行政管理制度的制定和实施、司法信息的公开和宣传、司法数据的汇总和统计等。法院组织建设包括党务廉政建设、思想政治教育工作、队伍作风与纪律等。司法改革主要有司法创新、司法便民举措、贯彻司法改革有关文件的精神、文书上网率等。

S省高院对本院内部的考核与上述对辖区内各级法院的考核并无太大的出入，考核内容划分为两大模块：业务工作和共同目标。业务工作根据审判业务部门和综合部门职责不同而设置考评项目。审判业务部门分别从任务、效率、质量、效果、工作调研五个方面考查。其中，审判任务主要有收案数、结案数、人均结案数等；审判效率主要指结案率、超基准结案率、长期超限未结率、批准延长审限率等；审判质量有上诉案件发改数、生效案件发改数、法律文书质量、案卷的整理归档等；审判效果的主要内容有信访投诉数、重大涉诉信访投诉事件数、服判息诉率等；工作调研包括调研文章的写作与发表、异地考察学习等。综合部门的考核主要从日常工作表现、法院管理、文件质量等与其职能相关的方面进行。共同目标是指围绕党风廉政建设、政治教育建设、业务能力建设三方面，考核院风院气、党规法纪贯彻执行情况、业务培训和岗位学习的组织等。

（三）B 市某中院业绩考评制度实况

B 市中级人民法院设置考评制度的总体指导思想为量化管理，动态分析，以案件质量管理体系为基础，以司法公正、案件质量、审判效率为重点，以信息采集、质效评估、按月公开为运转模式，形成一套科学合理的审判质量管理机制。其法院业绩考评分共性评价和审判质量评价两大指标，每一指标的基本分为 100 分，合计共 200 分（见图 5－1）。

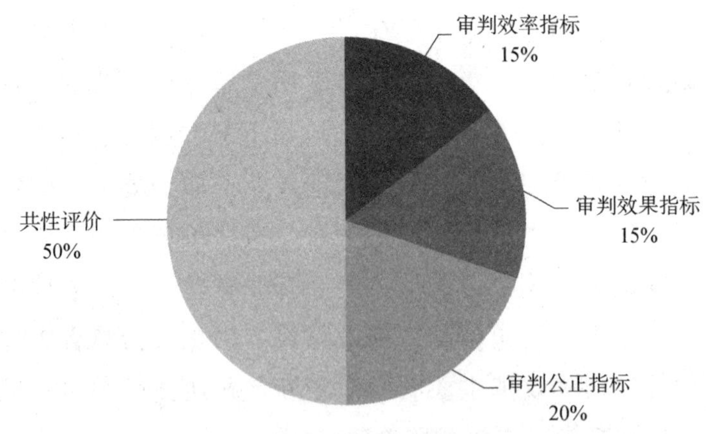

图 5－1　B 市中级人民法院业绩考评分值

共性评价主要从业务研判水平、职业道德素养、仪容仪表仪态、崇法遵章守法、自律廉洁奉公、思想政治坚定等方面进行考评，基本标准和主要内容有坚持廉洁自律、专心研习业务、提高专业技能、维护司法公正、坚定政治信仰、秉持审判独立、积极参与院内活动、遵守各项规章守则制度等。如果以上均达标，计100分基本分。

审判质量评价是对全院十个审判业务部门工作实绩进行考核，围绕审判效率、司法公正、审判效果三个次级标准综合考量分析，并制定了《B市中级人民法院案件管理试行意见》和《B市中级人民法院审判质量评价工作实施办法》两个纲领性文件进行规范。由于受篇幅所限，加之本书是以刑事诉讼为视角进行研究，特选取刑庭的刑事审判一审考评指标为例，对B市中院审判质量评价加以说明。其中，司法公正指标的基本分为40分，项下的三级业务考核指标包括上诉案件的发改率不得高于20%、法律文书的正确率为100%、违法审判案件数为0；审判效率指标的基本分为30分，项下的三级业务考核指标包括全庭年结案率不得低于95%、平均审理时间和审限之比为1、当庭裁判率不低于20%；审判效果指标的基本分为30分，项下的三级业务考核指标包括审结案件的信访投诉率不得高于2%、案件申诉率不得高于1%等。审判质量评价三项二级指标基本分数合计为100。

B市中级人民法院设考评管理办公室专司考评事务，以共性评价和审判质量评价为内容，以双百分制为基础，考核达标则得分，若一项未达标，扣减相应的分数，超额完成，则给予加分奖励。以刑事审判一审中的审判效率指标为例，全庭年结案率不低于95%，则计满分10分，每低1个百分点，扣1分，每提高1个百分点，加1分。诸如此类，每月合计总分，作为月度和年度评优选先、末位惩罚的依据。

（四）我国现行法院业绩考评制度总体概况

法院业绩考评制度设计和制定的初衷是希望通过考核，激励先进、鼓励争先创优、形成稳定科学的激励和惩罚监督制约机制，提高司法办案水平和效率，切实维护社会的公平正义。通过实例不难看出，每个法院的业绩考评各有特点和侧重，在考核的内容和采取标准上，各地区和各级法院也不尽相同，但是概括起来，主要有以下几个方面：

第一，重视对“数量”标准的考评。所谓对数量标准的考查是指法院根据历年的工作实际和现实情况规定一定的办案数量作为标准，完成相应标准的则考核达标，超额完成办案数的按规则给予加分奖励，未达到相应数量的则扣除对应分数。法定审限内结案数、法官人均结案数、发回重审案件数等都是法院考评中对数量标准的要求。

第二，强调对“比率”的考评。对比率的考评也是法院业绩考评制度的重要内容之一，即设定某一项考核项目的基础比例，以该基础比例为基准，超过该比例则作加分处理，相反的则作减分处理。对比率的考查包括而不限于生效案件发改率、一审上诉发回重审率。

第三，着重对“创新”的考评。应将“创新”作为考核的一项重要的指标，“创新”即为鼓励法官在工作中敢为人先，做各种有益尝试，具体包括理论创新、制度创新、形式创新、司法改革创新等。将法官的创新工作作为一个加分项，对创新程度越大、创新成果越多的人，予以越高的分数奖励。

第四，关注对“错误”的考评。法院业绩考评中的错主要是指违法违规违纪办案以及因此形成的错案，尤其对错案，大多数法院采取零容忍态度，主要体现在“一票否决”“责任连带”等惩罚机制上。所谓一票否决，是指一旦发现错案，本人甚至本部门的评优选先资格一律取消，一年的工作成果付诸东流；所谓责任连带，是指法官个人出错影响部门工作的评价，部门出现问题影响整个法院的工作评价。

二、我国现行法院业绩考评制度的特点

（一）考评主体的双轨化特点

所谓考评主体的双轨化是指同一法院中，对处于领导位置的法官和普通法官的考核主体和标准不同，但又并行存在。也就是说，目前我国现行的法院业绩考评制度针对不同的对象，实际上存在两套评价体系。北京大

学光华管理学院的艾佳慧博士在《中国法院绩效考评制度研究——同构制和双轨制的逻辑问题》一文中将这一特点概括为"双轨制"，即处于领导位置的法官不仅当然为法官，行使审判职能外，也要履行相应的行政管理职能。领导位置的法官具体包括法院院长、副院长、专委以及各业务庭室的正副负责人（例如政治部、办公室、各业务庭、研究室、技术室等）。领导干部既要履行审判职责、做好业务督导，又要负责法院整体的队伍建设、政治落实，也就是"一岗双责"的双重责任机制①，所以对法院领导的考核要重视对其法官行为的评价，更要关注对其领导实绩的考察，也就不能简单套用普通法官考核的标准和方法。

根据《法官法》的规定②，法官的考核组织机构为由院长担任主任的法官考评委员会，因为我国法院实行的是类似于行政机关首长负责制的院长责任制，所以法官的工作实绩必然应当由以院长为首的法院各级领导干部来进行监督和掌握。显然这是对普通法官业绩考核的规定，那对法院院长等领导位置的法官考核是由谁来负责和组织的呢？根据《中共中央关于进一步加强政法干部队伍建设的决定》这一文件，对于法院领导的考核实行双主体制，即上一级法院和同级地方党委双重考核。关于上一级法院的考核，虽然我国先法规定上下级法院之间为监督与被监督关系，而非领导与被领导关系，但监督主要是指审判业务方面，除了审判业务之外，下一级法院还是要接受上级法院的领导管理的，譬如在队伍建设、业绩考核、政治建设方面。关于同级地方党委的考核，由于中国共产党是中国特色社会主义事业的领导核心，中国共产党也必然领导我国的司法审判事业，那法院接受同级地方党委，特别是政法委的领导与监督就具备了政治上的必

① 参见艾佳慧：《中国法院绩效考评制度研究——同构制和双轨制的逻辑问题》，载《法制与社会发展》2008 年第 5 期。

②《法官法》第 38 条："人民法院设立法官考评委员会，负责对本院法官的考核工作。"第 39 条："法官考评委员会的组成人员为五至九人。法官考评委员会主任由本院院长担任。"

然性和正当性。

考核主体存在“双轨化”的特点，不同考核主体所考核的重点和内容也存在差异。法官考评委员会在评价普通法官工作质效时主要还是从案件办理的质量和效率（重点指各种量化指标的考核）、法律职业素养等方面进行；上级法院和同级地方党委对于法院领导的考核则侧重于全院整体工作成效、政治建设、廉政教育、队伍建设等方面，重管理而轻业务。当然法院领导的考核相当一部分内容是建立在普通法官考核的基础上，是对本院全体法官审判业务的整体评价的集合，二者也形成了“唇亡齿寒”的密切关系。

（二）考评内容数字化痕迹明显

由于我国法律对于法院业绩考评制度的内容和标准并没有统一的规定，实践中各地区和各级法院的考评基本采用数字化痕迹明显的量化考评方式，对大多数的考核指标赋予标准的数字化分析。最高人民法院于2008年1月印发的《关于开展案件质量评估工作的指导意见（试行）》就将案件质量评估体系中审判质量、审判效率和审判效果3个二级标准量化为31个三级指标，其中多数都是法院业绩考评制度的重要内容。前文所述的三地法院的考评模式在很大程度上就采用了该指导意见的相关内容。

“指标数据的管理是审判管理的前提和基础，各项质量、效率、效果指标数据应成为评估、指导、检测法院审判工作的‘晴雨表’和‘风向标’。”[①] 量化的法院考核制度提供了统一具体的考核标准，为抽象的考核转变为切实可行的措施提供了依据，增加了考核的操作性、客观性和全面性。统一的标准和量化的指标还为法院和法官提高工作质量和效率提供了一种反馈模式，为法院的有序管理和科学决策提供有益参考，有利于充分优化司法资源配置和切实提升司法管理水准。对法官而言，数字化的考评制度有利于法官审视审判活动的状况，不断提高审判效率和办案质量，加

① 沈志先：《法院管理》，法律出版社2013年版，第66页。

强自律和自我约束，引导法官规范自己的行为，以更高的标准要求自己。对于案件当事人来说，因量化考核而优化的审判质量和效率也会间接保护其诉讼活动中的程序权利和实体权利，进而保证其合法诉求得到有效伸张，这本身对于司法权威和司法公信力就是一种提升。

但是在实践中，有的法院过度依赖量化的业绩考评方式，甚至出现一种“唯量化”的论调，将大部分的考核内容不加区分地予以量化。在量化考评中有一种倾向，那就是唯数字化考评。这样无疑忽视了司法活动自身的规律性和专业性，对个案的复杂性也弃之不顾。司法活动追求效率无可厚非，但是法院活动应该围绕审判活动而展开，即使是考核也应该顾及案件的公正审判，如果一味追求效率，甚至将效率凌驾于司法审判之上，这无疑是本末倒置。趋利是人的本能，法官也不例外，对职务升迁和待遇提升等现实因素的考虑，往往使他们屈从于这种考核结果。以结案率为例，作为悬挂于每一名法官项上的“达摩克利斯之剑”，其设置的初衷在于合理控制审限，促使法官积极改进审判方式、提高审判效率。但现实中，为了考核达标，许多法院在年底前就控制收案数量以提高结案率，更有甚者不惜违法虚报审结，有的案件尚未开庭就报结案，这严重背离了司法公正原则，与考核的初衷背道而驰。再者，法官在这样的考核压力下独立性必定受到影响和损害，一旦司法独立的原则被破坏，那么司法也就失去了其赖以生存的土壤。正如亨利·米尔斯所言，任何观点或者司法权以外的权力在法官裁判的过程中产生了影响或者造成干扰，法官也就不复存在了。[①]

（三）考评制度的行政化色彩浓厚

作为行使国家审判权的机关，法院自始所带有的属性——中立性、被动性、客观性、公正性，就决定了其业绩考评制度应当与一般的国家行政机关有所区别，应该符合法院的审判规律和司法特征。但是由于司法与行政合一是我国几千年以来的历史传统，加之公务员法明确将法官

① 参见［英］罗杰·科特威尔：《法律社会学导论》，潘大松等译，华夏出版社1989年版，第223页。

纳入公务员范畴中，目前法官的管理模式也是套用行政机关的管理模板，所以我国现行法院业绩考评制度的行政化程度极高。因此，摆脱司法行政化的阴影，重塑一套符合法院工作实际的考评制度也是司法制度改革的重点。

首先，行政化的法院体制，即法院的运作模式、管理方式、结构机制基本上是比照行政机关来构建和开展的。实际上，我国法院所具有的行政化的特征是从建立时就存在的，因为我国法院整体上是依照行政机构的模式来构建的。[①] 我国的行政区划分为省、市、县三级，同样的法院也在相同行政区域内分别设置高院、中院和基层法院，形成了司法区域和行政区域高度重合的组织体制特点，级别设置也是"格式化"行政机关的设置。这就是为什么会有不明就里的人认为法院是隶属于政府的，是行政机关的一个部门。法院的人、财、物受制于地方政府，这也为地方插手和干涉司法提供了便利和条件，会损害司法的独立性，导致司法公正难以实现。

其次，行政化的法官职务级别。法官法将法官划分为 12 个等级，这仅是从业务能力方面进行的规定，此外还套用行政级别，按照公务员的职称标准来确定法官的薪金水平和福利待遇等，这是确立领导权威和等级服从的依据。普通法官接受庭长领导，庭长接受院长领导，实质上是一种科层级的法官位阶体制，会影响法院审判业务的开展。院庭长案件审批制就是最鲜活的实例，院庭长案件审批制的存在导致了审理者与裁判者的分离，违反了诉讼法对于直接言词原则的规定，增加了裁判的不确定性，严重损害了法官的独立地位，影响了司法公正和权威。

最后，上下级法院的行政化关系。作为我国的根本法——《宪法》第 127 条规定了上下级法院之间是监督与被监督关系，但这仅仅是从审判业务角度来说，即上级法院只能通过上诉和再审制度对下级法院的审判工作

① 参见张卫平：《论我国法院体制的非行政化——法院体制改革的一种基本思路》，载《法商研究》2000 年第 3 期。

进行监督。但在实践中，二者还存在一种实质上的领导与被领导关系，这主要体现在司法行政方面，考核制度表现得尤为突出。由于上诉案件改判率、上诉案件发回重审率等考核指标的存在，下级法院法官在裁判过程中，对复杂疑难问题难以把握时，往往会向上级法院请示汇报，以期与上级法院保持一致，从而降低发改率，这无疑使我国的二审终审制失去了存在的意义，严重威胁了法官的独立审判价值，变相剥夺了当事人的上诉权。

（四）考核标准带有企业化管理倾向

作为法院管理体制的一部分，法院考评制度建立的初衷不仅是要起到约束法官的作用，还应当发挥其激励作用，二者重要性相权衡，激励更甚于约束。通过考评，法官会清楚认识到自身的缺点和不足，从而不断完善和提升自我，提高自身的专业素养和审判技能，提高案件审理水平，养成良好的职业习惯，塑造权威的法律职业形象，最终实现司法正义和社会公平。

法院业绩考评制度的构建应该围绕公平、正义的理念和原则，将司法公正放在首位，以社会正义为标准，自觉地与企业绩效考核以追求利润或利益最大化为目的相区别。因为一旦出现弃义逐利或者义利倒置的现象，司法将丧失其存在的根基，法律将迷失自我，彻底沦为功利的机器。但是，实践中，一些法院的考核内容设计明显不合理，过于急功近利，带有明显的企业化倾向。笔者以结案数为例进行说明，这也是大多数法院在考核中存在的一项内容。以结案数作为考核标准，是指规定一定量的结案数为基准，超过该基准则给予加分奖励，少于该基准则扣除相应的分数。将结案数作为考核的指标本意是考查法官的工作效率，促使法官提高审判效率，与企业中普遍实行的计件工资、津贴制度相类似。但是，结案数是以收案数为基础的，法官作为中立的裁判者，收案多寡并不是由其决定，法官只是被动的接受者，所以如果某一时期的收案数少于同期，结案数必定也会呈下降趋势，但这并不能说明法官审判效率降低。而且，审判工作由于自身所具有的不同于其他行业的规律和属性，也就不会像企业生产那样带有可预测性和可规划性，因此并不能将裁判简简单单地理解为相同的工作投入能换取等量的工作成果，显然这种考核标准并没有考虑每个案件的复杂程度。还有的法院开展所谓办案能手的评比活动，这无疑将企业的逐利特性强加于司法之上。当法官都成为创收“能手”的时候，司法还有什么理性可言?①

（五）考核结果运用的虚化

虽然我国法官法对于考核结果如何运用进行了规定②，但是实践中，这种规定往往并不能真正兑现。考评结果在年终评优选先方面会发挥比较明显的作用，但很少有法院会将结果与惩戒挂钩，即使惩罚也是极少数不称职的人员。

各级法院进行年底总结表彰时，都会进行譬如“办案标兵”“调解能手”“优秀法官”等单项评比，这时一般都会参照被评价对象的考核结果、结合其综合业务能力来决定，结案数、结案率、调解率等业绩考核指标必然会受到重点关注。不过，考核结果的运用在大多数法院就仅限于此了，这也导致《法官法》第24条的规定流于表面、成为形式。

在对法官进行培训方面，各业务庭室往往会选择本部门的办案骨干作为参与培训的对象，同时兼顾法官的时间和工作安排，有的部门甚至实行轮流培训机制，这在一定程度上也能保证所有法官均享有获得提升业务能力的机会。但是往往这种轮流机制并不是以法官的薄弱项目作为选拔的依据，而是考虑每个人的时间，比如今年谁的时间比较充裕就安排谁去，明年再改换其他人。上述做法并没有针对法官考核结果中的弱项进行安排，会使得法官通过培训改进能力缺陷、提升业务能力的机会丧失，这也反映出考核结果与培训并无挂钩。

① 参见李太顺：《以法官职业改革完善法官考核标准》，载《人民司法》2003年第5期。

②《法官法》第24条：“年度考核结果分为优秀、称职、不称职三个等次。考核结果作为对法官奖惩、培训、免职、辞退以及调整等级和工资的依据。”

在晋职晋级方面，考核结果与法官个人晋升也没有太大的利害关系，考核结果往往只是个可有可无的数据。法官法将考核结果划分为优秀、称职、不称职三个等级，但是实践中，获得“不称职”评价的法官几乎没有，只要不是“不称职”，就都有晋升的机会。就法官的等级而言，一般达到一定的任职年限就会获得晋升；而行政级别则与组织考察、领导意见密切相关，经过必要的公示程序后，候选对象一般都会得到提拔。

在依据考核结果惩处上，法院的处理态度更是谨慎，抛开辞退、降职降级等相对严重的处罚手段不说，对考核不合格的法官进行诫勉谈话、降低工资等情形都屈指可数，这也导致法官考评机制所应有的监督作用并不能有效发挥，考核也难以调动法官的工作积极性和主动性。

考核结果运用的虚化导致我国众多法院考核工作存在走形式、做表面文章的现象，这也导致我国构建法官考评制度所追求目标的落空，背离了考核制度设计的初衷，也丧失了其保证司法公正和促进审判工作提升的有效作用。

第三节 我国法院业绩考评制度中不合理因素对刑事诉讼运行的影响

在前文讨论中出现的一些我国法院业绩考评的重要内容，比如衡量法官审判效率的结案率和超审限率、评价审判质量的上诉改判率和上诉发回重审率等，既是评定法院工作绩效、提升审判管理水平的重要手段，也是限制和约束法官审判权滥用、激励法官提升自我专业素养和能力的有效方式。但这些指标随着我国司法改革步入深水区，其弊端和缺陷也不断显现，下面笔者将从刑事诉讼的角度论述我国法院考评制度中的一些不合理因素。

一、对于结案率的考核

（一）结案率的计算及功能

所谓结案率是指在一个完整的统计周期内，审结案件数占到受理案件总数的比例。对于受理案件总数有两种理解方式：一种是法院正在审理过程中的案件数和已经审结完毕的案件数之和，另一种是将一定周期内的旧存案件和新收案件相加得出该周期内的受理案件数。可用公式表示为：

公式一：结案率 = 结案总数/受理案件总数 ×100%

公式二：结案率 = 结案总数/（旧存案数 + 新收案数） ×100%

公式三：结案率 = 结案总数/（在审案数 + 审结收案数） ×100%

虽然以上三个公式的表述不一样，但是其结果是一致的，并没有本质区别。在实践中，更多的法院采用公式二来计算结案率，因为其数据的获得比较简单，下文的探讨也是以这一公式为依据的。

结案率作为衡量案件审判工作效率的重要指标，一直是各级法院业绩考评内容的“标配”，是上级法院对下级法院、法院内部进行考评的重要依据，甚至成为一些法院评价法官司法效率的核心标准，它对于提高人民法院和法官的审限意识、压缩案件审判周期、敦促法院及时结案、提高司法审判效率发挥了重要的作用。但是司法实践中，为达到某一结案率的指标或者超额完成任务，出现了快审快结、年底控制收案、虚报结案数等现象，使得实践效果与设置结案率的初衷背道而驰，产生了极坏的影响。“究其原因，主要是因为案件质量评估体系中的结案率指标计算不合理、所占比例过重而导致出现过分追求‘结案率’的结果。”①

（二）考核结案率的弊端

1. 刑事案件被告人的权利得不到保障

程序公正作为刑事诉讼法的基本理念，是指诉讼参与人能够有效充分地参与诉讼程序。但是，现实中为提高结案率、达到规定的考核标准，许多法院的刑事审判庭实行了快速审理快速结案的做法，甚至规定“普通程序尽快结案，简易程序必须结案”，完全无视司法审判的规律，这样不仅难以保证案件的审判质量，对于刑事诉讼法所推崇的程序公正价值也是一

---

① 杨建明：《人民法院结案率指标的局限与改革——从“年底不立案”的报道说起》，载《广西政法管理干部学院学报》2013 年第 2 期。

种极大的损害。尤其到了年底，个别法官为突击完成任务，更变本加厉，刻意缩短庭审时间，省略法定程序，许多刑事被告人为表现悔罪态度，避免给法官“添堵”，从而得到法官酌定量刑的“照顾”，往往也被迫屈从，不发表辩论意见，最后陈述也简略带过，使得庭审程序彻底流于形式，这也是学术界对刑事审判庭审所批判和抨击的重要方面。针对相较于普通程序已经简化的简易程序，个别法官违规进行进一步的简化，整个庭审过程耗时十几分钟就能结束，被告人难以充分有效地参与诉讼，其辩论权和陈述权无从保障，在这一过程中诉讼权利必定受到损害。

2. 牺牲公正价值，损害司法权威

最高人民法院前院长肖扬曾经说过，“公正和效率是21世纪人民法院工作的主题”，而公正和效率也是刑事诉讼法所珍视的两大价值，应该在保证司法公正的前提下尽量提高审判效率，这才是二者和谐关系所在。由于结案率这一考核标准的存在，追求效率往往以牺牲公正为代价，这完全背离了刑事诉讼法的价值取向。公正在刑事诉讼法价值中居于核心地位，其包括两个方面内容，即程序公正和实体公正。程序公正指程序公开、程序安定、程序保障、程序平等等；实体公正是指裁判是以客观存在的事实为依据，准确地适用法律。司法权威体现在终局裁判对于法院和诉讼参与人的约束力，公正是司法权威赖以建立和存在的基础和条件，一旦公正价值丧失，司法权威和公信力也就无从谈起。盲目追求高结案率而快速审理快速结案，刑事被告人没有充分参与诉讼，基本权利得不到保障，案件的事实认定和结果的公允性也会存在疑虑，这对于司法公正本身就是一种伤害，这样的结案率越高，对司法公正价值破坏性越大。

3. 反向拉低司法效率，增加诉讼成本

前面提到了公正是刑事诉讼法价值的核心内容，但是在诉讼过程中，保持公正的前提下，尽量提高司法效率从而降低诉讼成本也是当事人或者国家一以贯之的要求，尤其是在社会主义市场经济的背景下，人们的诉讼成本意识不断提高。然而，在结案率指标考核的驱动下，法官们匆匆结案，表面看起来效率有所提高，实际上这样裁判案件的质量可想而知，能否准确认定事实、正确适用法律都在刑事案件被告人的心中打上了问号。即使最终的裁判结果没有问题，但是整个诉讼过程中，被告人的参与度极低，辩论权和最后陈述的权利不能充分行使，有苦难言，这都会增加其上诉或者其家属申诉、信访以寻求进一步司法救济的几率。这无疑又增加了司法成本，造成了审判资源的浪费，审判效率不增反降，与提高司法效率的初始目标相违背。

二、对于上诉发改率的考核

（一）上诉发改率的计算及功能

上诉发改率即上诉案件发回重审、改判率，顾名思义，是上诉案件改判率和上诉案件发回重审率的结合。在实践中，也有的法院将二者分别考核。由于二者都是衡量审判质量的标准，功能和效果也相似，因此笔者将其合并讨论。

在进一步讨论前，先来了解一下上诉发改率的计算公式，其根据不同的算法可分为两种：一种是以一个完整数据统计周期内二审发回重审案件数量和二审改判案件数量之和除以审结的上诉案件总数；另一种分子也是重审案件数量和二审改判案件数量之和，只不过分母变为一审结案总数。可用公式表示为：

公式一：上诉发改率＝（二审发回重审案件数＋二审改判案件数）/上诉案件总数×100%

公式二：上诉发改率＝（二审发回重审案件数＋二审改判案件数）/一审结案总数×100%

笔者认为公式二更合理一些，因为公式一中发改率与上诉案件总数成反比关系，也就说在分子不变的情况下，上诉案件数量越少，发改率越高，但如果实践中因审判质量提高等原因导致上诉案件减少，那发改率就无法充分反映现实情况。

受“二审审判结果是一审审判结果质量的试金石”这一观念的影响，上诉发改率一直以来都是上级法院对下级法院、法院对法官的审判质量进行衡量和评价的最重要标准。设立发改率意在限制法官的自由裁量权在合理的范围内行使，严格依照事实和法律作出裁定，保证裁判结果的公正准确，这也会敦促法官不断提高自身审判能力和专业素养，实现司法公正和正义。当然，这实质上也是一种对法院和法官的监督功能。但是在考核案件审判质量中过度依赖发改率出现的一些问题，也值得我们深思。

（二）考核上诉发改率的弊端

1. 架空刑事被告人的上诉权，使二审终审制形同虚设

案件被上级法院发回重审或者改判虽然不一定是错案，但是作为衡量案件审判质量的最重要标准，这也意味着一审审判出现了问题。在实践中，发回重审或者改判往往被认定为错案，这与法官的荣誉、收入和升迁等个人利益密切相关，有的地区甚至实行“一票否决制”和“连带责任制”。“一票否决制”指法官一年中只要出现一起发回重审或者改判的案件，则该法官一切评优选先的资格全部被剥夺，一年的工作业绩全部化为泡影。“连带责任制”指某一法官出现了发改案件则会影响整个刑庭的考评结果。因此，法官出于“趋利避害”的生物学本能，顾及自己的收入和前途以及防止背负影响整个法庭考核的“罪名”，为避免上级法院将案件发回重审或改判，其在审理案件时会揣测上级法院法官的想法和意图，遇到疑难复杂案件难以把握时，甚至会直接向上级法院寻求意见，将该意见而不是法律和事实作为裁判的依据，这样即使一审结束后，刑事被告人提出上诉，二审法院也不会将根据自己意愿进行裁判的案件推翻。这种做法一来无形中侵犯了刑事被告人的上诉权，其依赖上诉制度以寻求权利救济的愿望在一审时就已经落空，上诉也就变得只具有形式上的意义，对于改变案件裁判结果已经毫无意义。二来上下级法院之间的这种“沟通”和“交流”，使得本应该由下级法官独立裁判的案件，实质上变成了由两级法官共同参与审理并最终得到一致意见的

情况。二审法官这种超越审级程序提前介入一审案件的做法明显违法了我国法律明文规定的二审终审制度，使得二审终审制形同虚设、名存实亡，变为实质上的一审终审制。

2. 扭曲了法院与检察院的关系

法院为国家的审判机关，掌握审判权力，检察院为国家检察机关，行使检察权，二者是我国司法结构中的重要组成部分。根据我国宪法和刑事诉讼法的规定，二者的法定关系为分工负责、相互配合、相互制约，但是司法实践中，由于种种原因，法检关系并非如立法者所设想的一般，而是出现了异化。

在绩效考核的语境下，相对于法院以上诉发改率等为内容的考评制度，检察院也有一套适用于自身的考核办法，较为普遍的是采用无罪判决率、不起诉率、抗诉成功率等在内的“五率”考评方法，“检察院对不起诉率、撤诉率和无罪判决率的控制，使得检察官倾向于和法官频繁联系，无论是用软化还是强硬手段”①。以无罪判决为例，检察机关为了防止无罪判决的出现，在案件审查起诉阶段，通常会与法院进行沟通协商，询问法官意见，检察院只有在法院能够进行有罪判决的情况下才提起公诉，此为软手段；一旦出现了无罪判决，检察院会向上级人民法院抗诉，一旦抗诉成功，就意味着案件的改判或者发回重审，这必定会影响法院业绩的考评，此为硬手段。发回重审与改判案件之于法官以及无罪判决案件之于检察官，都意味着对其工作的否定，与之密切相关的是待遇、福利甚至是前途。因此当面对绩效考核背后的利益时，法检默契地选择了一致，这种“和谐”的状态也影响了他们的诉讼行为，扭曲了二者之间的关系，违背了司法规律。

① 朱桐辉：《绩效考核与司法环境之辩》，载《刑事法评论》2007 年第 21 期。

三、对于上诉率的考核

（一）上诉率的计算及功能

设置刑事上诉制度的目的主要有三个：一是发挥纠错功能，通过上级法院对下级法院裁判再审理及时发现可能存在的错误，切实保护被告人的合法权益；二是发挥统一法律适用和解释的作用，保证法律的适用在所有的刑事案件中都是统一和公正的；三是提供一个宣泄和释放不满的窗口，上诉制度可以缓解和吸收刑事被告人对裁判的不满或者受到非公正待遇所产生的怨气。

司法实践中设置上诉率作为法院业绩的考评指标，主要是从评判案件的审判效果来考虑的，即法官能否通过准确认定案件事实、正确适用法律来对案件作出一个合理合法的裁判，从而使刑事被告人认可裁判结果，达到服判息诉的效果。因此上诉率又称一审服判息诉率，最高人民法院在《关于开展案件质量评估工作的指导意见》中使用的就是“一审服判息诉率”一词，但是笔者本着通俗简明的原则，在本书中还是使用上诉率一词。

上诉率即一个完整的统计周期内，上诉案件数占到一审审结案件数的比例，用公式表示为：

上诉率＝上诉案件数/一审审结案件数×100%

（二）考核上诉率的弊端

1. 不利于保障被告人的上诉权

上诉权作为刑事被告人合法权利救济的一种重要方式，是否上诉由被告人在自己的真实意志范围内进行选择，这在当今社会已经得到了广泛的认同。《刑事诉讼法》也规定了保障被告人上诉权原则，第180条“对被告人的上诉权不得以任何借口加以剥夺”从立法上对于被告人的上诉自由予以保障，其他任何人或者机构团体都无权干涉、限制、剥夺被告人的上诉权。而司法机关不仅要做到不干涉、限制、剥夺被告人上诉权，还有更高的要求，即当出现侵犯被告人上诉自由的行为时，司法机关应该及时予以制止和纠正。但是由于上诉率的存在，人为设置上诉案件的考核比例，控制上诉案件的数量，法官顶着考核的压力，这必然会在客观上对被告人上诉救济权利的行使产生不良影响。

在司法实践中，为了减少刑事被告人上诉，降低上诉率以达到考核的标准，法官可能会采取种种手段和方式来对被告人的上诉进行限制和干涉。常见的做法有：对被告人进行“教育”，对其心理和精神造成不当影响，以冠以所谓的认罪伏法的名堂来说服其违背自己的意愿接受一审判决；搁置、暂扣被告人上诉状，使其超过上诉期限从而被告人无法上诉，剥夺其申辩的机会；拒绝在押被告人与其辩护人和法定代理人见面，使被告人的上诉意愿无法传达，以致错过期限。这些做法不仅侵犯了被告人的权利，严重的可能会导致冤假错案的产生，妨害司法公正，降低司法权威和公信力。

2. 打击法官的工作积极性

上文提到，在上诉率考核的压力下，法官可能采取种种措施来干涉或者限制刑事被告人的上诉权利的行使。我们先抛开这个可能性不谈，假设法官对案件的审理做了充足的准备，认真遵守了各项刑事诉讼程序，准确认定了案件事实，正确适用了法律，裁判结果合理公正，那被告人是不是就会服判息诉，放弃上诉呢？答案是“不一定”。

被告人为什么要上诉？哪些因素直接或间接影响了被告人的上诉决定呢？有学者将刑事案件被告人上诉原因划分为案件类型、案件适用程序、被告人认罪态度、法官个人因素、刑罚状况、案件审理时间等因素。举例来说，“适用简易程序或普通程序简化的案件中，被告人对裁判结果的接受性可能更大，其更不易提出上诉”①。再如，案件审理时间越长，被告人的不满情绪越会累积进而延伸至裁判结果，其上诉的几率就越高。笔者认为上诉不加刑原则的存在也可能会对上诉率产生影响，因为对于只有被告

① 陈晨：《揭开上诉率的面纱——以刑事案件为对象的 SPSS 实证分析》，载《刑事法评论》2012 年第 1 期。

人上诉的案件，二审法院不得判处重于原判的刑罚，有些被告人认为即使原判刑罚公正准确，也存在通过上诉减少刑期的希望，大不了就是维持原判，这种有利无害的行为又何乐而不为呢？综上所述，我们可以看到，有些因素并不是法官所能左右的，即使他付出了努力，上诉率可能也不会因此而降低。这不仅起不到激励法官的作用，反而会打击法官的工作积极性，使其产生消极情绪，当通过自身努力也无法改变结果时，以上诉率作为考核指标也就毫无意义。

四、对于超审限率的考核

（一）超审限率的计算及功能

刑事案件的超审限是指在刑事案件的审理过程中，审判人员没有正当事由而超过刑事诉讼法规定的案件审理期限，未办结案件的情形。超审限率[①]是指一个完整的统计周期内，超过审理期限的案件占到一审结案总数的比例，用公式表示为：

超审限率 =（超审限案件数/一审审结案件数）×100%

2018 年最新修订的《刑事诉讼法》将一审案件的审理期限规定为四类：一是普通程序的公诉案件，审理期限为受理后两个月，至迟不得超过三个月[②]；二是被告人未被羁押的自诉案件，审理期限为受理后六个月[③]；三是适用简易程序的刑事案件，审理期限为二十日，可能被判处三年有期

---

① 这里的超审限率特指一审案件的超审限率，二审法院的法官依然存在超审限率的考核，但是由于本书篇幅所限，暂不涉及二审超审限率的研究。

②《刑事诉讼法》第 208 条："人民法院审理公诉案件，应当在受理后二个月以内宣判，至迟不得超过三个月。对于可能判处死刑的案件或者附带民事诉讼的案件，以及有本法第一百五十八条规定情形之一的，经上一级人民法院批准，可以延长三个月；因特殊情况还需要延长的，报请最高人民法院批准。"

③《刑事诉讼法》第 212 条："人民法院审理自诉案件的期限，被告人被羁押的，适用本法第二百零八条第一款、第二款的规定；未被羁押的，应当在受理后六个月以内宣判。"

徒刑及以上刑罚的可以延长一个半月[①]；四是速裁程序，是最新添加的内容，速裁程序审理期限为十日，可能被判处有期徒刑超过一年的，可以延长至十五日。[②]

司法实践中，将超审限率设置为法院业绩的考评指标，主要评判的是案件的审判效率，是否在审理期限内结案是反映法官审判效率的核心指标。从目的或者功能来说，将超审限率纳入法院的考核范围，主要考虑到三点：一是我们常说"迟到的正义为非正义"（delay of justice is injustice），所以要确保案件及时公正审理，最大限度压缩法官办理的时间。"当事人之所以选择公力救济，就是为了得到公正判决以申正义，但如果这个正义的结果必须苦候多时，最后得到所谓的'正义'的结果，是否真正正义呢?"[③] 二是对法官的办案能力提出更高的要求，敦促法官及时迅速办结案件。三是对犯罪嫌疑人的合法权益是一种保护，特别是对于被羁押的犯罪嫌疑人，在审限内结案，可以还无辜者以清白，有罪之人也能尽快得到公正审判；而且案件尚未完结对于身处囹圄之中的人来说也是一种精神上极大的折磨，自身的法律状态也难以确定。

（二）考核超审限率的弊端

1. 法官面临极大的办案压力，普遍存在超负荷工作的情况

作为考核的重点，我国现行的法院业绩考核体系对于法官审限内结案有着近乎严苛的要求，超审限案件的容忍度为零。就是说一旦被考评法官办理案件中出现了超过审理期限未办结的案件，那该法官甚至法官所在的庭室在考核中就会遭遇"一票否决"的情形，成为荣誉"绝缘体"，一切的评优选先都与其无关，不管是物质利益还是荣誉都会受到巨大损失，影

① 《刑事诉讼法》第 220 条："适用简易程序审理案件，人民法院应当在受理后二十日以内审结；对可能判处的有期徒刑超过三年的，可以延长至一个半月。"

② 《刑事诉讼法》第 225 条："适用速裁程序审理案件，人民法院应当在受理后十日以内审结；对可能判处的有期徒刑超过一年的，可以延长至十五日。"

③ 杨翔、谷国艳：《审理期限制度浅析》，载《时代法学》2006 年第 2 期。

响严重；有的甚至会对法院整体的业绩考核产生负面作用，超审限法官会成为众矢之的。所以在审限内结案成为高悬在所有法官头顶之上的“达摩克利斯之剑”和不敢触碰的“高压线”。

随着我国社会经济持续稳定发展，各类刑事案件尤其是证据繁多、波及面较广的经济案件不断增加，与此形成鲜明对比的是日益紧张的司法资源，主要体现在我国审判队伍的人员配置难以符合现代化审判规律的要求，案多人少之间的矛盾愈发突出。伴随我国司法改革的纵深推进和员额制的实行，能够正当行使审判权的人员仅限入额法官，而且有着相当一部分员额法官还必须兼顾行政、党政等非审判性的事务，以上种种也加重了案多人少的矛盾。

法官在零超审限率考核的“高压线”下，无奈只能加班加点，保持高强度的工作状态，“白加黑”“五加二”是常态。但是法官也是正常的人，也需要休息，长期保持高强度、快节奏的工作状态，身体很容易吃不消而产生各种疾病，情况严重的可能危及生命。近年来，我们经常在媒体上看到年轻法官去世的消息，正值青壮年的他们也是所在法院办案的中坚力量。一位位优秀法官的相继殉职，让人震惊又悲痛不已。根据公开报道，这些英年早逝的法官中绝大多数都有着带病坚持工作的感人事迹，因为他们普遍面临的是每年要审理上百件案件的异常繁重的办案压力。有媒体称，法官现在已然成为一项高危职业，这也充分说明巨大的办案压力已然成为全国法官普遍面临的现实问题。

再者，人的精力都是有限的，面对成山的案件，法官也不能保证每一个案件都倾尽全力。如果为了追审限、快结案，马虎办案、潦草办案，只注重速度而忽略案件的审判质量，那对我国的司法公信力将是毁灭性的打击，这也与法院业绩考核的目的和初衷相背离，最终结果只能适得其反。

2. 严重影响和干扰刑事诉讼的正常进程

上文提到目前法官普遍面临着巨大的办案压力，除了提高办案效率、挤占休息时间加班加点等正常做法外，实践中还存在着一些变通的做法，为法官赢得案件审理的宝贵时间。例如“借审限”，即与检察院协商以退回补充侦查为由建议延期审理、将简易程序转为普通程序、以“符合法定情形”为由任意申请上级法院批准对案件的延期审理、“强制”要求律师提出重新鉴定或者勘验的申请等。表面上这类做法确实可以保证案件不超审限、尽量压低超审限率，但是这么做无疑“饮鸩止渴”，严重影响和干扰刑事诉讼的正常进程和稳定运作，是我国刑事诉讼制度中的一大毒瘤，危害巨大。下面笔者对几种常见的“借审限”行为进行简单介绍。

第一种是与检察院协商以退回补充侦查为由建议延期审理。我国刑诉法对公安机关、检察机关、审判机关三家刑事诉讼专门机关的关系表述为分工负责、互相配合、互相制约，但是由于同属体制内以及长期共同办案所形成的良好的协同关系，现实中，三机关的真实关系表现为配合有余、制约不足。“为满足办案工作需要”成为三机关互借期限的借口和托词，这样一来借审限表面上也会显得理所应当、合乎情理。

我国《刑事诉讼法》第 204 条①对于案件审理过程中适用延期审理的情形进行了明确规定，看似赋予了法官决定是否延期审理的裁量权，但前提必须符合法定的事由，也就是说除了法定的三种情形外，法官无权任意决定延期审理。如果法官难以在法定时间内审结案件，其可以与检察机关协商，让承办检察员以案件需要补充侦查为由向法庭提出延期审理的建议，合议庭同意后，案件就能顺理成章地延期审理，为法官争取到较长的审理期限，因为检察院补充侦查的案件回到法院后是要重新计算审限的。②同时，理论上检察机关建议延期审理最多可以有两次，每次最长一个月，

①《刑事诉讼法》第 204 条：“在法庭审判过程中，遇有下列情形之一，影响审判进行的，可以延期审理：（一）需要通知新的证人到庭，调取新的物证，重新鉴定或者勘验的；（二）检察人员发现提起公诉的案件需要补充侦查，提出建议的；（三）由于申请回避而不能进行审判的。”

②《刑事诉讼法》第 208 条第三款：“人民检察院补充侦查的案件，补充侦查完毕移送人民法院后，人民法院重新计算审理期限。”

再加上案件本身的审理期限，法官完全可以获得充足的办案时间。这种做法不需要报请上一级法院的审核批准，只同检察机关协商就可以，而检察机关一般都不会拒绝。所以在审限不够用的情况下，协商退侦成为众多法官首选和常用的做法。

第二种是将简易程序转为普通程序审理。简易程序的审理期限为二十日，这也是考虑到适用简易程序的案件事实清楚、证据充分且被告人也认罪，为了防止案件审理迟滞，对被告人起到教育感化的作用，所以简易案件简易审，审限规定较短。但是实践中，法官并不是在某一阶段只办理一件案子，而是多个案件同时处理，难免有时间不够用的情况。为了防止简易案件超审限，法官的普遍做法是将案件转为普通程序。普通程序的审限原本就几倍于简易程序，且审理期限是要从转为普通程序之日起重新计算，这样一来，办案时间就大幅增加。虽然《最高人民法院关于执行〈中华人民共和国刑事诉讼法〉若干问题的解释》第229条[①]对于简易程序转为普通程序进行了列举式规定，但该条第5款是为防止挂一漏万的兜底条款。设置兜底条款的本意是为程序转化提供方便，法官可以针对案件审理过程中案情证据的繁简变化而灵活应对，但是也便利了某些法官滥用审限的行为，违背了立法的初衷。

第三种做法是以“案情重大、复杂、疑难”为由申请上级法院批准对案件延期审理。《刑事诉讼法》规定，对于符合法定情形的几类案件[②]经过上一级法院批准可以延长三个月的审理期限。是否批准延长审限的申请是

① 第229条：“适用简易程序审理的案件，在法庭审理过程中，发现以下不宜适用简易程序情形的，应当决定中止审理，并按照公诉案件或者自诉案件的第一审普通程序重新审理：（一）公诉案件被告人的行为不构成犯罪的；（二）公诉案件被告人应当判处三年以上有期徒刑的；（三）公诉案件被告人当庭翻供，对于起诉指控的犯罪事实予以否认的；（四）事实不清或者证据不充分的；（五）其他依法不应当或者不宜适用简易程序的。”

② 这几类案件包括：可能判处死刑的案件或者附带民事诉讼的案件；交通十分不便的边远地区的重大复杂案件；重大的犯罪集团案件；流窜作案的重大复杂案件；犯罪涉及面广，取证困难的重大复杂案件。

由上一级法院把控，《刑事诉讼法》对申请的事由也有明确的列举式规定。按理来说审限延长的申请会得到比较严格的审查和监督，只要不符合法律规定的情形就不予批准。但是在实践中，众多法官申请延长审限的事由并不严格遵从规定，而往往会以“案情重大、疑难、复杂”这种主观性极强的模糊性词语作为理由，仅就几个简单的词语，上级法院也难以作实质性审核，一般情况下也就睁一只眼闭一只眼，予以批准延长。

由于篇幅所限，笔者无法穷尽列举所有方式，这些表面上看似合法合规的审限延长方式普遍存在于基层司法实践中，并以合法事由掩饰实质的超审限，这对我国刑事诉讼制度的良性运行产生了难以估量的负面影响。

3. 致使被告人被过度羁押，法律评价长时间处于不确定状态

我国现行的刑事诉讼制度并没有区分羁押期限和诉讼期限，羁押期限的确定严重依赖于诉讼期限①，主要表现在《刑事诉讼法》对于羁押期限的规定仅限于侦查阶段，而没有对审查起诉阶段和审判阶段的羁押问题作规定。这就意味着审查起诉阶段和审判阶段对犯罪嫌疑人（被告人）的羁押实质上等于是对侦查阶段羁押的法律延续，也不需要进行专门的审查和批准。② 实践中案件转换阶段后，下一阶段的办案人员只需要在看守所办理换押手续即可，这也算是通知看守所案件进入下一个诉讼阶段。也就是说被告人在进入审判阶段之前往往就处于被羁押的状态，如果法官又采取各种审限延长方式来防止超审限，那被告人的羁押状态会无限依赖于审判阶段的持续时间。

有的人会说对于已被羁押的被告人，即使遵守了审限规定，只不过也是羁押场所的变更，从看守所变为监狱而已，超审限也并不会损害被告人的权益。笔者不以为然，因为我国很多看守所的环境和设施要远远落后于

① 参见陈瑞华：《超期羁押问题的法律分析》，载《人民检察》2000 年第 9 期。

② 参见陈瑞华：《问题与主义之间——刑事诉讼基本问题研究》，中国人民大学出版社 2003 年版，第 171 页。

监狱，看守所的监室基本上都是二十余人的大通铺，冬冷夏热，十分拥挤；而且即使在寒风凛冽的冬天，也只能洗冷水澡。另外，在案件尚未终结时，被告人在看守所内是不允许会见亲属的。相比之下，监狱的环境显然更好，监室床位大多为上下铺，伙食餐饮也更营养丰富，可以定期与家属会面。

法官肆意“借用”审限，使得案件长期处于未结状态，被告人也就无法获得公正的法律评价，其权利长期处于不确定状态，在实质上也是对其期限利益的剥夺。[①] 被告人命运和法律地位长时间悬而未决，整日处在惶恐、焦灼、高度紧张的状态，心理也不断遭受摧残和折磨，长此以往很容易患心理疾病。精神作用于身体，时间长了身体健康也会出现问题，这难道不是对被告人人权最大的漠视和侵害吗？由此，“一种程序上的非正义感往往伴随着对司法裁判的极度失望和沮丧之情油然而生”[②]。

第四节　我国法院业绩考评制度理性化建构的基本理路

一、完善法院业绩考评制度构建的基本原则

（一）实体公正和程序公正相统一原则

我们探讨法院业绩考评制度基本原则的前提是清楚其存在的价值和意义，不能因评估而评估，评估本身并不是目的，而是一种为价值目的服务的制度行为。正如美国学者约翰·罗尔斯的名言“正义是所有社会制度的首要价值，正义即公平”[③] 所论述的，所有法律体制的建立都必须以实现司法公正为首要价值，因此作为法律制度的一部分，法院业绩考评机制也

---

① 参见杨翔、谷国艳：《审理期限制度浅析》，载《时代法学》2006 年第 2 期。

② 陈瑞华：《程序正义理论》，中国法制出版社 2010 年版，第 108 页。

③［美］约翰·罗尔斯：《正义论》，何怀红、何包钢、廖申白译，中国社会科学出版社 1988 年版，第 68 页。

应该以追求公平正义作为根本目标，这也正是最高人民法院废除各高级人民法院考核排名的基础性缘由。

所谓的司法公正又称为司法正义，是指司法权力在行使的过程中，各种影响因素包括主体和客体、形式和内容在实体阶段和程序阶段都能够达到和谐有序的状态，主要包括两个方面，即实体公正和程序公正，两者相辅相成，相互统一，实体公正是程序公正的最终目标，程序公正是实体公正的保障。司法作为定纷止争的有效手段，也是法官适用法律以解决纠纷的过程，在这一过程中法官必须坚持公平和正义原则，切实保障当事人宪法和法律赋予其的权利和地位，公平公正地对待诉讼当事人，使裁判结果让每一个当事人都感受到公平和正义。如果法官因法律素养低下而蓄意徇私舞弊、枉法裁判或者因法律技能不足而过失误判，会引发司法结果的不公，进而诱发司法腐败；如果法官程序意识淡薄，忽视程序价值，置诉讼程序于不顾，随意剥夺当事人的程序权利，就会导致司法过程的不公，进而诱发司法专横；如果法官在履职过程中应当为而不为，或者应为而不能为，则会进一步加剧司法体制的不公，诱发司法软弱。这些也是在司法实践中当事人普遍反映的问题和不满，是各级法院在工作中必须予以解决的重点和难点。因此法院业绩考核必须从实体公正和程序公正入手，坚持实体公正和程序公正的统一，科学设置考核项目和权重比例、公开公正考评程序，做到赏罚有据，结果为人信服，这样才是科学有效的考评制度，才能真正调动法官及其他法院工作人员的热情和积极性。

（二）综合平衡原则

就法院业绩考评制度的整体来看，各地和各级法院往往陷入一种量化的思维误区，忽视了业绩考评是一个定性考核与定量考核相统一的综合平衡的过程。理性化建构和完善我国的法院业绩考评制度，必须改变当前唯量化的考核做法，坚持综合平衡原则，加大综合评价在整体考核中的占比，做到考评结果的全面、系统、合理。

对于反映审判能力的相关考核指标，笔者认为应当从审判的固有规律出发，采用全面灵活的综合评价的方法，摒弃量化指标的一贯做法。在根据被考评对象日常工作表现的基础上，采取自我认知、同事评价、社会认同等不同主体分别予以评价的方式，以保证最终结果的全面性，其中，可以适当增加同事评价所占权重。对于体现司法效率和效果的相关指标，虽然量化指标在考评中发挥过重要作用，但是也应进行区别对待，改变无论适合与否一概加以量化的做法，引入公众信息反馈、同事评估等综合因素，并调整整体考核权重占比，达到40%以上为宜。

就法院内部管理而言，被考评的对象既有执行审判任务的法官，也有在司法实践中起到辅助作用的法警、书记员，还有专职负责执行的执行员、管理司法行政工作的后勤保障人员等，现行的法院业绩考评制度在对以上人员的考评中往往实行“一刀切”，并不按照岗位与职责的不同区别制定不同的考评办法，这样既不科学又不合理，也无法体现不同工作的特点。因此考评制度应该区分直接审判案件的法官与其他法院工作人员，不同岗位加以区别综合分析，平衡各方，这也是深化法官职业化改革的必然趋势。

（三）科学化原则——符合刑事诉讼规律和特点

整个法院业绩考评制度包括若干个环节，涉及考评计划的制定、考核内容和指标的设定、考评的实施、考评结果的反馈与运用等，每一个环节是否科学、合理、可行、全面，决定了考核的最终目的能否实现，也是法院整个绩效考评制度能否顺利运行和开展的关键条件。因此，考核制度的制定应该从日常工作实际出发，广泛征求被考核对象的想法和建议，保证制度的科学性、现实性、合理性和可操作性。因为本章的立意是从刑事诉讼的角度出发，因此此处探讨的科学化原则也侧重于刑事诉讼的角度。

现实社会“犯罪嫌疑人就是有罪之人”的观点不但在普通民众中广泛存在，甚至部分受过系统法学教育和培训的法检工作人员也深受这种观念的影响，这明显带有极强的思维定式倾向。不是所有进入刑事诉讼程序的案件都确定为有罪案件，也不是所有的犯罪嫌疑人最终都被确定有罪，在刑事诉讼中，嫌疑人的身份处于一种不确定的状态。也正因如此，需要通过诉讼过程来惩罚犯罪之人，还无罪之人以清白。如前文所述，当前现行的法院业绩考评制度中的相关指标，比如上诉率、发回重申率、上诉改判率等并不能充分反映刑事诉讼的特征和规律，对于被告人的人权保障显得“力不从心”，这也是未来法院业绩考评制度改革和完善的重点和难点。

在考评指标和内容的设置上应把握好尺度，既不宜过于笼统，也不宜太过详细，应该具有现实性和可行性。如果指标制定得空泛概括，本应具体明确的内容却模糊不清，无法界定其内涵和外延，将直接导致考评的“难产”，无法顺利进行；与之相反的另一个极端是内容过细，这样无疑会增加考评工作的繁杂程度和操作难度，降低考评的效率。当然考评的内容必须是经过努力可以实现的，不能定得过高，也不能过低，应能是反映出法院工作实绩的基本要求，不是镜中花、水中月。业绩考核是手段而不是目的，其存在是为了督促法官敬业工作、提高司法效率，履行惩罚犯罪、保障人权的使命，因此在程序设计上也应该删繁就简、操作简易、实用易学，只有这样才能确保考评的科学性和合理性。

（四）体现和保障司法独立原则

“司法独立原则确立为现代法治和宪政的一项重要原则，乃是司法规律的必然要求。”① 作为行使审判权的国家机关，法院的所有工作是以审判工作为基础和核心的，因此法院业绩考评制度的建立和开展必须符合审判工作的特点和规律。审判权的直接掌控者——法官的独立地位，决定了审判工作的实效。法官在裁判过程中不受任何非法律因素的影响和干扰，只根据法律和证据、遵从自己的内心和良知作出裁判。这里的干扰和影响即来源于法院外的政府行政权、其他组织和个人等，也包括法院系统内部的上级法院、本院院长、各庭庭长等的干预。司法独立既有外部独立，也有内部独立，这也是我国司法改革一直以来的目标和努力的方向，虽然取得

① 陈光中：《比较法视野下的中国特色司法独立原则》，载《比较法研究》2013 年第 2 期。

了一定的成绩，但是问题依然突出。就外部而言，某些党政干部领导通过批条或者指示等各种形式和途径对案件加以影响和干扰，笔者写作期间恰逢中央政法委发布了一批行政干涉司法的案例。就内部来说，虽然近几年来，倡导和推行法官独立裁判和扩大合议庭权力是法院机制改革的重点，但是排斥法官独立裁判的倾向时有发生，形成一种“上层把关，级级复核”的工作制度，院长、庭长负责过问案件，作指示。这些现象出现的一个重要原因在于法官类公务员式的行政化考核方式，迫于考评压力或者为了取得优秀考评结果从而升职加薪，许多法官会故意迎合人情世故，受制于人，丧失了独立性。这不仅背离了考核的初衷，也会加剧腐败现象的产生。因此法院业绩考评制度的完善必须尊重司法独立原则，遵守审判规律的要求，体现法官独立的理念，淡化依考评定未来的功利色彩，区别于普通公务人员的考评，避免陷入考评行政化的误区，真正发挥考评在促进法官工作积极性、维护司法正义方面的作用。

（五）有利于法官自我发展原则——实施考评的直接目标

通过公开程序选拔的法官从任职条件上看均是符合要求的，但是一旦手中掌握了司法权力，内心不坚定的人往往会在利益面前低下头，通过权力寻租而攫取经济上的利益，甚至以此谋求政治上的提升，进而欲望不断膨胀、变本加厉。如果不及时发现制止，这种行为不仅会对法官的个人职业发展造成毁灭性的影响，可能还会对整体司法环境产生恶劣的损害。近年来不断有令人瞠目结舌的司法腐败窝案发生就是血淋淋的实例，比如2002年的武汉中院13名法官集中集体贪腐案①、2013年辽宁省抚顺市清原满族自治县人民法院塌方式腐败案②等，这一系列窝案的发生与监督制约机制和评价机制未充分发挥作用有很大关系。

① 涉案的有武汉中院2名副院长、3名副庭长、7名审判员及1名书记员，同时本案还涉及44名律师。

② 清原满族自治县人民法院的中高层在本次贪腐窝案中几乎被掏空，涉案人员还包括该院执行局局长（党组成员）和6名庭长，身陷腐败窝案的该院法官达到11名之多。

首先要严把法官准入关口，尤其在实行“员额制”以后，对法官的任职要加大审验核查力度。其次，对于法官行为的监督和评价要摒弃敷衍、片面、目标模糊的做法，应当树立精准、全面、系统的法官业绩考核目标来评价和引导法官的职务行为，即考核的首要和直接目标是提高和完善法官行为、促进法官的自我发展。法院整体是由众多法官个体所组成，所以法官工作的质效直接影响法院整体工作水平，而司法公正的实现程度与法院工作优劣密切相关。只有法官个体行为不断改进时，作为个体集合的法院整体才会向好发展，司法公正才会被真正树立。实际上，司法公信力表现为公众对于自身合法权利保护的预期，只有法官不断提高、进步，成为专业化的职业精英法官，其才能更好地回应公众对于合法权利保护的美好预期。①

（六）兼顾分类考核与分级考核原则

由于我国将法官群体纳入公务员队伍，因此现行的法院业绩考评制度与公务员的工作评价机制密不可分，公务员考核的“德、能、勤、绩、廉”等内容同样也属于法院的考查范围，这也是考核的共性指标，对于该部分内容采取统一的评价标准和尺度在实践中也不存在什么争议。但是法院的司法审判工作带有强烈的专业属性，不同的业务部门（民事、刑事、行政等）由于自身的工作内容和审判规律各有差异，应当因部门制宜，设定相应的个性指标，针对不同业务部门的工作特点设置不同的考评内容，或者相同指标规定不同的考评权重。举个简单的例子，拿结案数来说，2018 年我国各级法院审结的刑事案件共计 119.8 万件，而审结的民商事案件却高达 901.7 万件②，民事案件审结数 7 倍于刑事案件，历年的情况也大概如此。因此如果机械地对民刑两部门进行结案数的对比考核，显然违

---

① 参见吴晓：《论我国法官考评制度的构建》，暨南大学 2010 年硕士学位论文，第 29 页。

② 数据来源于最高人民法院院长周强在 2019 年 3 月 12 日第十三届全国人民代表大会第二次会议上所作的《2019 年最高人民法院工作报告》。

背了刑事审判活动的规律以及刑法谦抑性的原则，考评的结果也会有失公允，对于刑事法官的工作积极性也将会是沉重的打击，所以适用分类考核就显得很有必要了。

除最高人民法院这一国家最高审判机关外，我国的法院系统分为基层法院、中级法院、高级法院三级，就地方三级法院的相同审判业务部门而言，虽然审判业务相近，但是由于存在审级不同、案件难易差别、案件受理数量差异等因素的影响，因此对级别不同但是从事相同审判业务的法官，也应当根据其所在法院级别的不同设定相应的考核标准。以刑事审判为例，根据我国刑事诉讼法，基层法院管辖大部分一审普通刑事案件①，因此就收案量来说，基层法院要远超中院及高院，但是就案件复杂程度来说，高院除管辖全省（自治区、直辖市）性的重大刑事案件外，大多为二审上诉案件，重大、疑难、复杂案件较多，审理的难度和周期都比一般刑事案件要大得多。显然如果三级法院的刑事审判部门采取相同的评价考核标准并不公平，所以还是要坚持分级考核的原则。

二、完善我国法院业绩考评制度的建议

（一）修改法院业绩考评中的不科学、不合理指标

考评标准设置是否科学、合理、适当，对于整个法院业绩考评制度作用的发挥有着至关重要的决定性意义。如同笔者在前文所述，现行法院刑事诉讼业绩考评中的一些标准，如结案率、上诉率、发回重审率、上诉改判率等，虽然对于法院的考核和管理起到过一定的积极意义，但是随着市场经济的不断发展、社会矛盾的不断加深和复杂化，这些标准对于法官职业素养、司法工作能力以及廉洁程度的考查和评判就会显得“力不从心”，

①《刑事诉讼法》第20条：“基层人民法院管辖第一审普通刑事案件，但是依照本法由上级人民法院管辖的除外。”第21条：“中级人民法院管辖下列第一审刑事案件：（一）危害国家安全、恐怖活动案件；（二）可能判处无期徒刑、死刑的案件。”第22条：“高级人民法院管辖的第一审刑事案件，是全省（自治区、直辖市）性的重大刑事案件。”

难以做到科学、全面，不仅如此，其还可能成为法院领导控制和干涉司法案件的“帮凶”和工具。因此笔者建议，法院可以根据司法实践的需要，对业绩考评中不科学、不合理的因素进行优化，或删或改，以期能够更好体现考评的价值和作用。

第一，取消结案率和上诉率的考查。司法的本质和规律要求法官坚守谨慎、消极和中立的角色定位和制度设置，但在仕途升迁和加薪加酬的个人利益面前，众多位于审判一线的法官可能会因结案率的存在而主动包揽词讼。这不仅损害了司法中立的价值性，而且盲目地追求高结案率也会导致刑事被告人的权利难以保障，实践中存在牺牲公正价值以换取审判效率的现象，这必然会致使司法权威和司法公信力的丧失。因此结案率作为考核标准的存在已经出现弊大于利的倾向，笔者建议直接取消该指标，可以从严格规范延长审限的条件等方面着手防止超审限案件的产生以代替结案率。上诉率的存在不仅不利于保障当事人通过上诉寻求救济的合法权利，也会打击法官工作的积极性和热情，使其产生消极情绪，当通过自身努力也无法改变结果时，以上诉率作为考核指标也就没有意义了。

第二，完善二审改判率的考核。二审改判率设置的目的在于限制法官的自由裁量权在合理的范围内行使，严格依照事实和法律作出裁定，保证裁判结果的公正准确，敦促法官不断提高自身审判能力和专业素养，实现司法公正和正义，这也是对下级法院和法官进行监督的一种有效手段，因此其确有存在的必要性，但是应该进一步完善和改进。笔者建议应该区分二审改判的原因，对于因二审期间出现新的证据而导致的量刑不当等情形应当排除在计算二审改判率的分子之外；对于二审改判率可能架空刑事被告人的上诉权，使二审终审制形同虚设的弊端，可以通过革新请示汇报制度以及严格法官的选拔以保证法官队伍保持较高职业素养的方式解决。

第三，对超审限率的考核首先应当完善我国的审限制度。笔者认为西方发达国家对于审限制度完善的先进经验可以供我国参考，国外普遍实行的是案件分流机制，即根据案件的性质、繁简程度、复杂程度，分别适用不同的审限或者采取不同的审理程序。所以我国应当改变目前对于所有案件普通程序审限一刀切的状况，具体问题具体分析，针对不同类型的案件规定适合不同的审限。在调整案件审限过程中，应当坚持整体审限不变、针对个别案件类型确定不同审限的总体原则，一般与个别相结合、普遍与特殊相结合，既要关注普通案件的审理期限，也要注意把握个别、特殊案件的审限。比如贪污、受贿、挪用公款等职务犯罪案件，这类案件的被告人往往文化程度较高、反侦查能力强，审理难度比较大，还有新型的经济类犯罪、集团犯罪案件等，对于以上几类案件可以适当延长审限，而对于轻伤害等案情简单、事实清楚的案件则保持现有审限不变。其次还应当科学分配司法资源，对现有审判人员针对其擅长领域和特长分配合适案件，建立专业化、团队化的案件审判模式，通过明确分工，科学配比，从而优化审判效能、提高审判效率。笔者还建议，即便做到上面两条，对于超审限率的考核也不能“零”要求，一旦出现超审限案件就采取“一票否决”太过严苛，可以根据历年案件办理的情况规定一个较低的超审限率，这样可以防止法官为了达到零超审限而违规采取各种延长审限的方式。

（二）设置科学、合理的法院刑事诉讼业绩评价指标

依本书所述，我国的法院业绩考评制度存在着考评内容数字化痕迹明显、考评制度整体的行政化色彩浓厚以及考评标准具有企业化管理倾向等特点，尤其是统一的标准和量化的指标为法院和法官的工作质量和效率提供了一种反馈模式，为法院的有序管理和科学决策提供有益参考，有利于充分优化司法资源配置和切实提升司法管理水准。但问题是现在众多的法院在进行业绩考核时出现了一种“唯量化考核”的论调，将大部分的考核内容不加区分地予以量化，这样无疑忽视了司法活动自身的规律性和专业性，对个案的复杂性也弃之不顾，难以称之为科学、合理的评价。

司法审判不像一般的企业生产效率和进度依靠各种量化指标便能充分体现，因为司法审判工作不仅要讲求效率，其背后的社会效果以及司法公正才是第一位的。因此，笔者认为基于审判工作的复杂性和特殊性，法院

尤其是法官的考核标准一定要区分哪些可以量化、哪些不宜量化，以及更进一步的如何量化的问题。考评指标不宜采用某一确切的数字，而应当根据司法实际确定一个合理的评价区间，上下浮动一定的百分数都是合理和可行的。同时，摒弃以量化考评为是的观念，要定量考评与定性考评相结合，量化指标与综合评价相结合，以淡化片面数字化考核所造成的不良影响，科学、合理地评价法院刑事诉讼业绩。在这方面，我们可以借鉴美国康涅狄格州法官考核的有益做法，采用“始终如此”“偶尔”“从未如此”或“不适用”等词语来表述，以代替纯数字化考评。

（三）法院考评的改革应当为刑事诉讼正当化、理性化运作服务

刑事诉讼作为处理和解决公民个体与国家利益之间尖锐矛盾的刑事司法活动，势必会对公民的权利与自由产生影响，原因在于现代刑事诉讼是以犯罪的发现、犯罪的确定、犯罪的惩处以及犯罪的改造为任务，通过对犯罪人基本权利的限制和剥夺，达到惩罚罪犯以尽可能消除其再犯可能性和对社会中潜在的犯罪人员进行震慑的目的，以此保障全体公民的合法权利和稳定的社会经济秩序。但是，公民是组成社会的个体单元，整个社会群体的利益集合是以公民的个人权利为基本内核，如若公民的基本人权遭到侵害，那社会的稳定和有序也就无从谈起。“国际公认的原则是不得以牺牲司法公正或威胁基本人权为代价来控制犯罪或建立秩序。”① 尊重和保障人权是所有法律制度构建的最高价值追求，绝不能为单纯追求惩罚犯罪的社会效果而肆意践踏公民的基本人权。

从刑事诉讼的角度评判目前我国的法院业绩考评制度，我们不难发现，无论是对结案率、上诉率的考查，还是设定的发回重审率以及二审改判率，都是为惩罚犯罪而服务的，忽视了对罪犯人权的保障。但是保护公民的基本人权是刑事诉讼价值的重要内涵和核心理念，实现惩罚犯罪的目的必须以坚持保障人权的核心价值理念为基础和前提。因此探讨完善我国

① 陈光中等：《联合国刑事司法准则与中国刑事法制》，法律出版社 1998 年版，第 4 页。

法院业绩考评制度时，必须要寻求保障人权和惩罚犯罪的最大平衡，保持刑事诉讼的理性化、正当化运作。

（四）建立健全相关配套机制

一是完善法官职业保障机制。对于法官群体的职业保障，西方国家自始就非常重视，主要包括法官收入、权力、安全、福利、职业晋升等方面的保障，以确保法官能够公正、独立地行使审判权力，排除外界一切干扰、维护司法公正。首先收入上的持续稳定可以解决法官对于经济问题的顾虑，使得法官没有后顾之忧、专注工作，也能有效防止因为收入低而为此发生的权力寻租、枉法裁判，杜绝司法腐败，同时高薪酬、完善的福利体系还能增加法官职业对于优秀人才的吸引力。其次要保障法官的职业地位和权力的有效行使，一旦被任命为法官，排除正常的人事调动和职务晋升外，非通过法定程序、非因法定事由，任何单位和个人无权罢免法官，保障法官职业、身份、权力的稳定性。最后要高度重视加强对职业法官人身安全的保护力度。前些年发生的马彩云法官被当事人枪击身亡事件[①]引发了基层法官对于自身职业安全的担忧，我们必须要坚决防止和打击一切针对法官的报复、伤害、诬告等非法行为，切实维护法官的人身安全以及其他合法权利，对于法官公正履行职务的行为要予以保护和支持。

二是健全法官职业培训制度。法官职业化发展是保障司法公正的必由之路，法官职业化水平的高低与法官群体的法律专门知识的掌握程度、有效法律思维的养成、专门法律技能的训练、诉讼经验的积累、法律职业操守、司法责任心密切相关，这不仅需要在法官职业准入上严把选拔关口，从源头上保证符合法官职业条件的人才能成为法官，而且还必须由规范、系统、具有可操作性的后期职业培训机制作为有力后盾。法官职业培训的

① 2016年2月26日晚21时30分许，北京市昌平区人民法院回龙观法庭法官马彩云及其丈夫李福生在住所楼下遭到两名歹徒枪击，马彩云身中两枪，经抢救无效死亡，李福生受轻伤，其中一名歹徒李大山是马彩云审理的一起离婚后财产纠纷案件的原告。行凶后，两名歹徒逃离现场，逃到延庆区后均自杀身亡。

着力点应该放在对于法官职业技能的提升和自身短板的有效补足方面，但是当前的职业培训大多已经沦为形式、走过场，甚至某些地方已经将职业培训变为组织法官变相旅游的方式，培训过程中旷课、玩手机、懒惰散漫等现象比比皆是，在培训课程结束时会给所有参加培训的人发放一张结业证书，但是该证书并不需要考核与评定，由此可想而知整个培训的效果如何，这对于法官职业技能的提升又会起到多大作用。所以笔者建议在培训过程中以及结束后，应当进行相应的课程考核，及时有效地消化课程内容，反映听课效果，对于不合适的课程内容进行相应调整和剔除，以做到培训切实有效，真正发挥促进法官素质提升、推进法官职业化的作用。

三是改革完善法官监督体制。业绩考评机制在发挥监督法官职务行为的作用时，应当与其他监督机制相互配合、互为补充、相辅相成。一方面应当抓紧制定法官惩戒制度。考核结果的合理利用不能仅靠奖励而忽视惩戒，有效的惩戒制度能够很好地解决监督不力的难题。例如在法官的财产申报过程中，倘若存在某些法官隐报、瞒报私有财产或者申报的财产与真实情况存在较大差异而不能合理说明理由的，应当给予相应的纪律处分，而且这种纪律处分还应当与其考核评定相关联，共同发挥两种制度的制约作用。另一方面应强化错案追究制度在提升司法公信力方面的作用。司法责任制的改革强调错案追究、终身负责，旨在通过督促法官及相关司法工作人员审慎办案、提高案件办理的质量，从而保障涉案当事人的合法权益。但是我国目前的法律、政策文件均未明确规定何为“错案”，现行普遍做法是将发改率、上诉率在一定程度上认定为法官办错案的标准，这显然违背了司法审判规律。应当尽快确立符合司法实际的有效标准，对于通过考核发现的由于枉法裁判、违反职业道德而造成的错案，应当严惩，绝不姑息，在业绩评定中直接实行“一票否决”，如果造成犯罪的，还应当依法追究其刑事责任。

（五）合理适当地运用考核结果

考核结果是否公正、科学固然重要，但如何将该结果加以合理地运用也是整个考核制度建立的目的指向和根本所在，具体到法院业绩考评的结果，可以从法院管理、法官自我发展以及社会公共评价等方面加以运用。

一是法院管理。根据《法官法》以及相关法律规定，法官考评的结果是作为法官培训、级别和工资调整、奖励和惩罚等方面的依据。比如对于在考核中表现优异的法官，可以通过晋升、增加薪酬等物质方面的奖励来进一步提高其工作的积极性和热情，或者可以通过培训、延长休假时间等促使其更加努力，创造出佳绩；对于考评中不太理想的法官，可以对其进行谈话劝诫、根据其能力调整到合适的岗位，以此增加工作的主观能动性。

现代管理学有“管理的基础是绩效评价，而核心是运用评价来改进组织活动”[①] 一语，为最大程度发挥人才资源优势和合理布局人力资源，法院可以根据考评的结果调整相应的职位，协调部门职能，进一步完善法院的整体运行机制。

二是法官自身发展。一方面，法官应当积极采纳考评内容中的有益和合理的成分，如及时纠正法律文书中的纰漏、切实遵守实体法和程序法的相关规定、坚决杜绝不当的职务行为等；另一方面，对于自己在考核中出现的问题必须加以重视，根据反馈结果有目的有意识地加以学习和改进。此外，法官也可以根据考评制定出一个符合职业特点的规划目标，不断补充更新法律知识、完善自己的庭审技巧、提升应变能力等。

三是社会公共评价。法官履行职务实质上带有公共属性，因此社会公众有权通过各种渠道了解法官的职务履行情况、专业能力水平等，将考评结果适度公开也是保障公众知情权的有效途径。这样一来，不仅可以便利群众监督法官行为，也有利于增进公众对法官职业群体的了解，加强互动沟通，增强互信，从而减少因缺乏信任而产生的矛盾和摩擦，切实维护司法权威。公开方式可以选择陈列公共宣传栏，利用网站、微博、公众号等

---

① 郑其绪：《人才评价的理论与实践》，载《河口司法》2006 年第 2 期。

新媒体等。

综上，法院业绩考评制度的改革和完善是全面深化和推进依法治国重大方略背景下司法体制变革中的一大现实课题，是关乎法官队伍精英化职业化建设、法院组织机构变革、审判质量管理体系改革成败的重要举措。当前，我们需要立足司法实际，结合我国现行的司法运作环境，摸索建立和完善一套符合司法审判规律和特点，为法院具体审判实际服务的绩效考评体制和相应的各项配套制度，从而达到充分高效发挥法院业绩考评的作用和功能的效果。

建立一套符合法院审判规律、激励法官不断提升自身职业素养和专业技能、促进司法公正、维护司法权威和公信力的法院业绩考评制度是一项繁杂庞大的系统工程，道路不可谓不漫长，任务不可谓不艰巨，因此还需要司法实务界和学界的更多关注和努力。

第六章 走向理性化的刑事诉讼专门机关业绩考评制度

从形式上看，刑事诉讼专门机关业绩考评制度虽然仅是专门机关评价内部业绩成效的工作机制，但由于其具体内容直接关涉到刑事诉讼专门机关及其工作人员的立功受奖、晋升提拔等切身利益，而受我国刑事诉讼专门机关高度的行政化、等级化以及传统的官本位思想影响，行政级别的快速提升就一定意义上成为衡量公检法人员成功与否的主要标志，也是其工资福利提升的主要依据，同时还带来住房条件的改善、社会地位的提高以及内心荣耀感的提升等有形无形的利益。所以，业绩考评结果的优劣一定程度上就成为专门机关及其工作人员工作的基本着力点和重要关注点，其进而促使公检法机关和人员为了获得一个优良的考评成绩而不遗余力。而以往业绩考评制度中的不科学、不合理因素无疑就对刑事诉讼专门机关及其工作人员的诉讼行为、诉讼方向产生了不可估量的消极影响，进而形成了我国司法实践中诸如撤案难、不起诉难、无罪判决难、取保候审难、生效判决改判难等不正常现象，并对司法公正、程序正义甚至我国的刑事诉讼法治都造成严重的消极影响。

近年来，无论是中央政法委、最高人民法院、最高人民检察院、公安部等中央司法机关，还是地方各级政法机关，都逐渐认识到刑事诉讼专门机关考评机制对整个刑事诉讼活动的巨大影响，特别是其中一些不科学、不合理因素对整个刑事诉讼活动的消极影响。因此中央政法委在 2013 年通过的《关于切实防止冤假错案的规定》第 14 条明确提出：“建立健全科学合理、符合司法规律的办案绩效考评制度，不能片面追求破案率、批捕率、起诉率、定罪率等指标。”2015 年 1 月 20 日，中央政法工作会议明确提出不再对破案率、逮捕率、无罪判决率等不合理指标进行考核。最高法、最高检、公安部等中央机关也陆续出台文件，明确提出要改革和完善公安司法机关和司法人员业绩考核制度，专门机关的考评制度日趋科学化、规范化。理论上，许多学者也提出了完善和规范刑事诉讼专门考评制度的观点。如最高人民法院原常务副院长沈德咏明确提出要完善案件考评机制：“刑事立案并不意味着构成犯罪，提起公诉并不等于有罪确认，二审判决也并非简单对一审判决进行背书。这种单纯强调定罪率、追求零差错的考核，明显有违法律规定和诉讼规律，可谓动机好、效果差，必须予以改革。”① 但由于受以往考评制度、司法体制机制一些弊端的影响，现有的评价机制仍然存在一些不尽如人意的地方，需要进一步规范和完善。

一、当前影响刑事诉讼专门机关考评制度完善的基本因素

第一，当前刑事司法改革大背景下对刑事诉讼专门机关的考评办法和考评机制的科学性、规范化提出了更高的要求。如前所述，中央政法委已经下发文件，要求今后不再对撤案率、批捕率、不起诉率、有罪判决率等指标进行考核，但如何适应全面推进依法治国以及国家治理体系和治理能力现代化的现实需要，对刑事诉讼专门机关业绩进行科学合理的评价就成为当前和今后一个重大课题。以往的考评机制明显存在一些背离司法活动规律和特点的不科学、不合理的内容和指标，取消对这些指标的考评后，固然利大于弊，有助于司法活动的科学化、理性化，但又面临着一个完善和规范考评制度的问题，并且随着依法治国的全面推进和国家治理能力的科学化、规范化，对建构新的科学、合理、规范的刑事诉讼专门机关评价机制提出了更高的要求，当前的司法实践也迫切需要制定新的科学完善、契合司法规律和特点的评价机制。

第二，对当前刑事司法实践中存在的问题与以往刑事诉讼专门机关评价机制不科学、不合理之间的关系缺乏科学评价且研究深度不够。我国刑事诉讼法长期存在着出入罪功能异化、无罪判决难产、不起诉难、撤案难、错案难现、错案难纠等司法痼疾，这些痼疾与刑事诉讼专门机关业绩考评制度的关系如何、关系多大等问题，当前仍然缺乏强有力的实证研究和理论论证。一些学者只是朴素地认为这些问题很大程度上可以归因于刑事诉讼专门机关考评制度，但该制度对于上述痼疾的影响到底有多大，目

① 沈德咏：《论以审判为中心的诉讼制度改革》，载《中国法学》2015 年第 3 期。

前还缺乏足够的实证研究和理论论证。这也是当前建构新的更加科学规范的刑事诉讼专门机关考评制度迫切需要解决的问题。

第三，当前司法改革的动态化对刑事诉讼专门机关考评制度的影响。当前的司法改革作为国家治理体系和治理能力现代化的重要组成部分，正在大力稳步推进。例如建立以审判为中心的诉讼制度改革、认罪认罚从宽处理制度改革、刑事辩护全覆盖制度改革、国家监察体制改革、检察机关内设机构改革等重大改革举措，都对以往刑事司法和立法产生巨大影响，这些巨大影响还会持续很长时间。改革意味着我国的司法体制、司法模式、司法手段乃至司法观念都处在一个长期的调试过程中，而这又必然对于刑事诉讼专门机关的考评模式和考评办法产生冲击和影响，也推动着考评制度的不断调整，且由于改革正处在向纵深发展的过程中，这必然意味着考评制度也要因应改革的发展和需要，随时随地作出必要的调整与改变。可见，由于改革的动态化带来考评制度的动态化，即我国当前的刑事诉讼专门机关考评制度会随着改革的稳步推进而不断作出调适，这在一定程度上也增加了刑事诉讼专门机关考评制度科学化、规范化的难度。

第四，以往各自为政、自说自话、闭门造车式的刑事诉讼专门机关考评办法制定模式很难适应司法现代化的需要。以往公检法三机关在制定本部门的刑事诉讼考评办法的时候，虽然要考虑刑事诉讼法和司法解释的相关规定，但更多的是从本部门的利益出发，由本部门的工作人员操刀执笔制定出自己的业绩考评办法和制度。这些办法和制度带有一定部门主义和功利主义的色彩，即如何最大限度地有利于本部门开展惩罚犯罪的诉讼活动，而很少考虑与其他专门机关的诉讼配合，更少有考虑如何便利当事人和辩护人的诉讼需要和人权保障。这不仅体现在专门机关考评办法和机制的制定上，即使在刑事诉讼法的修订和解释方面也有所体现。这种考评制度的制定模式决定了考评制度必然会存在着部门化、片面性、功利性、有罪化等缺陷和不足，不仅会影响到刑事诉讼专门机关关系的理性化、科学化，同时还带来了撤案难、不起诉难、无罪判决难等司法问题，进而使专门机关考评制度的预期功能和作用得不到充分发挥。

第五，侧重于对惩罚犯罪结果和过程的评价，而忽视对保障人权结果的评价，这是以往刑事诉讼专门机关考评制度的一个大问题。例如以往我们强调的破案率、起诉率、有罪判决率、二审发改率等都是侧重于对惩罚犯罪效果的评价，客观上必然会带来撤案难、不起诉难、无罪判决难等司法问题。因为一旦侦查机关撤案、检察机关不起诉、法院作出无罪判决，那就意味着上一诉讼机关会因此被扣除巨大的分值，考评中甚至会被一票否决，上一诉讼机关的工作人员也就很难立功受奖，会因此失去晋升提拔、增发奖金等切身利益。特别是无罪判决，一旦法院作出无罪判决，就意味着侦查机关和检察机关一年的工作白干了，办案人员还可能因此被追究行政责任甚至刑事责任。为了避免上述不良评价结果的发生，侦查机关、检察机关必然会不遗余力地对法院施加压力，迫使法院即使面对事实不清、证据不足的案件，也不敢当然决然地作出无罪判决。而体现人权保障的结果则没有被纳入积极评价，例如撤案、不起诉、无罪判决等结果都没有被积极评价，对公检法而言都属于减分项，而不是加分项。这种考评制度无形中势必会加剧无罪判决难产的司法难题。

除了上述因素以外，我国的刑事诉讼专门机关考评制度还存在着诉讼阶段评价不均衡、唯结果论等缺陷和不足，在当前司法改革的大背景下，如何建立一套科学、合理且契合司法规律和特点的考评制度就成为摆在司法机关面前的一项重大课题。

二、刑事诉讼专门机关业绩考评制度完善和规范的未来理路

孤立地看，刑事诉讼专门机关业绩考评制度似乎仅仅是评价侦查机关、检察机关和审判机关考察本部门和下级部门业绩好坏的一项内部工作机制，似乎与刑事诉讼活动关系不大。但由于该制度直接关涉到专门机关和专门机关工作人员的晋升提拔、立功受奖和工资福利等切身利益，加之我国公安司法机关高度的行政化色彩，立功受奖也就意味增加了未来晋升

提拔的砝码，故获得一个尽可能好的考评结果和成绩就成为专门机关领导和工作人员的核心工作目标和基本工作着力点。而以往考评制度的不科学、不合理因素对我国的刑事诉讼产生了不可估量的消极影响，导致刑事司法实践中出现了撤案难、不起诉难、无罪判决难等不正常司法现象，进而对刑事诉讼目的的实现造成障碍和掣肘。可以说，近年我国刑事司法过程中出现的许多问题都不同程度地与考评制度发生关联，一定程度上都可以将原因归结在考评制度上，专门机关业绩考评制度的科学、规范、完善与否一定意义上直接影响到司法实践诸多问题的解决，甚至最终会影响到我国刑事司法改革的成败。可见，规范和完善刑事诉讼专门机关业绩考评制度已经成为我国当前刑事司法改革绕不开的重大理论课题和现实问题。

科学、规范、完善的刑事诉讼专门机关业绩考评制度的建构是一件极为困难的事情，就当前我国的刑事立法和司法现状而言，笔者认为，专门机关业绩考评制度的建构必须考虑如下因素，或者要体现下列特征：

第一，必须基于国家治理体系和治理能力现代化的现实需要，立足于当前司法改革的大背景，特别是建立以审判为中心的诉讼制度的现实境况，高度重视业绩考评制度的系统性、互动性、融会贯通性。

国家治理体系和治理能力现代化是现代法治国家的基本要求，也是党中央提出的明确目标和要求。就刑事司法而言，建立以审判为中心的诉讼制度是当前改革的重点和难点，司法实践中的固有问题对实现该目标产生了巨大的阻碍，例如刑事庭审形式化、控辩不平等问题、低效辩护问题、疑罪从有问题等，但就工作机制而言，刑事诉讼专门机关业绩考评制度的规范和完善无疑是其中的重要一环。要规范和完善该制度，就必须充分考虑当前国家治理和司法改革的现实需要，顺势而为，在充分发现问题、剖析原因的基础上，综合考虑平衡各方面因素，融会贯通，制定出更加契合现代法治国家需要且能够对国家治理现代化形成强大推动力的考评制度。

第二，现实司法背景决定了考评制度应具有动态化特征。由于我国当前正处于各项司法改革全面推进的时期，各项司法改革的成效正处于调试的过程中，改革的预期目标还没有完全实现，以往司法实践中的许多问题仍不同程度地阻碍和影响着司法改革，司法人员的精英化程度和司法理念也处在一个不断提高、不断转变的过程中。这就决定了刑事诉讼专门机关的工作机制、诉讼体制都处在不断调整的过程中，考评制度当然也必须适应司法改革的需要，适应诉讼体制、工作机制不断规范和完善的需要，随时作出必要的调整和规范。

以检察机关的考评制度为例，2019 年，最高检提出了以“案 - 件比”为核心的案件质量评价新概念，即“发生在人民群众身边的案，与案进入司法程序后所经历的有关诉讼环节统计出来的件相比，形成的一组对比关系”①。“‘案 - 件比’这一概念是最高人民检察院张军检察长提出的一项检察管理指标。围绕这一指标，可以人民群众获得感为评判标准来设计案件质量评价体系，可从宏观上反映司法业务的运行状况，在一定程度上也能够反映检察机关的工作质量、效率及效果。”② 当前，检察机关的案件质量考评机制就是围绕着“案 - 件比”这一核心因素和基本标准来设定的，它反映了检察工作的特点和规律，契合了检察机关维护社会公平正义和检察为民的司法理念，符合程序正义和刑事诉讼效率价值的要求，也是检察机关考评机制适应国家治理体系和治理能力现代化的客观需要及与时俱进的重要表现。法院和公安机关的考评制度同样如此。

第三，考评制度的规范和完善宜简不宜繁。以往过繁过细的刑事诉讼专门机关业绩考评制度虽然起到了一定的积极作用，但同时也带来了专门机关工作人员基于考评结果、考评成绩的考虑，不敢依法作出司法决定的问题。例如撤案的问题，因为以往考评制度对撤案进行负面评价，侦查机关一旦撤销一起案件会被扣除较大分值，进而对最终的考评结果产生巨大影响，因此实践中侦查机关面对应当撤销的案件，往往不敢当然决然地作

---

① 孙凤娟：《“案件比”怎么算》，载《检察日报》2020 年 5 月 8 日。

② 冯韶辉：《准确把握“案-件比”提高检察工作满意度》，载《检察日报》2019 年 9 月 24 日。

出撤案的决定。以前检察机关考评制度对不起诉比例进行了限制，要求不能超过3%或者5%，这一考评指标导致许多检察机关、检察人员面对一些应当作出不起诉的案件不敢作出不起诉决定，而是选择作出起诉决定，最终侵害被追诉人的合法权益，加重法院审判负担，影响诉讼效率，这种后果是极为严重的。从诉讼规律上分析，理想的诉讼状态应当是当诉则诉、当不诉则不诉，而考评指标的不合理、考评指标的过细过繁却使得检察官自捆手脚，不敢当然决然作出不起诉决定，无法用足用好法律赋予的起诉裁量权。

基于当前改革的司法背景，吸取以往考评制度所带来的负面影响的教训，笔者认为，当前刑事诉讼专门机关业绩考评制度的规范和完善应当最大限度地契合司法规律，充分考虑刑事诉讼的特点，删除以往考评制度中的一些不科学、不合理规定，简化考评制度，尽可能地避免刑事司法活动过分围绕着考评制度转的不合理做法，使刑事司法活动回归本位，为公安司法人员根据案件事实、证据和法律，本着理性和良心公正作出判断提供良好的环境。

第四，将保障人权的成效作为考评的重要内容。刑事诉讼中的人权保障在整个国家人权保障中处于极为重要、极为突出的位置，也是衡量一个国家人权保障程度的一个极为重要的方面。将人权保障的内容纳入考评制度当中，无疑有助于提高刑事诉讼专门机关和专门人员人权保障意识，有助于实现惩罚犯罪和保障人权并重的诉讼目的，使整个刑事诉讼活动更加契合现代刑事诉讼法治的要求。我国以往的刑事诉讼专门机关业绩考评制度的指标和内容完全是从惩罚犯罪的角度设定的，极少考虑保障人权的成效，这也从客观上带来了撤案难、不起诉难、无罪判决难等严重司法问题，成为冤假错案生成的重要制度根源之一。“不能只设定惩罚犯罪的考核指标，而要同时设定保障人权的考核指标。以往之所以容易出现冤假错案，一个重要原因就在于考核指标只是关注公安、司法机关是否严厉惩罚犯罪、是否使所有罪犯都受到了刑罚处罚，而没有注重保障人权的考核内容。”[①]将保障人权的成效作为积极的评价指标必然会解开以往束缚专门机关工作人员的绳索，保障他们能够本着良心和理性，自主地根据案件的事实、证据和法律大胆地依法作出裁断，有效解决以往因为考评指标不合理带来的撤案难、不起诉难、无罪判决难等司法难题，做到当撤则撤，当不诉则不诉，“有罪则判，无罪放人”。只有这样，刑事诉讼专门机关业绩考评制度才会更加科学、更加规范，更加契合司法的规律和特点。

第五，科学界定和限定错案的范围，审慎地适用错案追究制和办案责任终身制。从广义上看，错案追究制实际上是专门机关业绩考评制度的重要内容，也是其中极为突出且理论上争议较大的一部分内容。错案追究制实施中一个基础性问题就是错案的范围问题。关于错案的界定在理论上存在较大争议，不同学者的界定也存在一定的差别。例如有人认为：“所谓刑事错案，在我国是指公、检、法机关（包括国家安全机关）在办理刑事案件过程中，对于案件的基本事实或者基本证据认定错误，或者适用法律错误，进而导致刑事追诉或者定罪量刑出现错误的案件。”[②] 也有人认为：“错案是指对据以定罪量刑之事实的认定有错误，或适用法律有错误，从而导致如应当判决有罪的被判无罪和无辜者被定罪的案件即传统上的‘出入人罪’。”[③] 第二个概念显然囊括了刑事错案、民事错案、行政错案三部分内容。还有学者将司法人员是否在主观上具有过错作为衡量错案的标准。比如：“错案是指审判人员在立案、审理、执行案件过程中，故意或过失违反程序法或实体法，导致处理结果错误并依法应当追究责任的案件。”[④] 错案追究制固然有督促公安司法人员严格依法审慎公正办理案件的功能，但同时也带来了一定的弊端，主要表现在前诉讼机关为了避免受到错案追究而不遗余力地督促下一诉讼机关作出有罪结论，进而导致刑事诉

① 张明楷：《刑事司法改革的断片思考》，载《现代法学》2014 年第 2 期。

② 张军：《刑事错案研究》，群众出版社 1990 年版，第 3 页。

③ 张曙：《刑事司法公正论》，中国人民公安大学出版社 2009 年版，第 145 页。

④ 于伟：《错案标准的界定》，载《法学》1997 年第 9 期。

讼无罪判决难产的诉讼难题，同时也意味着更多冤错案件的酿成。这也是我国刑事诉讼法出入罪功能异化，出罪功能不足、入罪功能有余的一个重要制度性根源。所以，科学界定错案的范围，严格限定错案追究的适用范围和人员，保证该项制度正面价值和功能的充分发挥，尽量避免和克服负面作用也是完善刑事诉讼专门机关业绩考评制度的重要内容。

近年来，中央政法委、最高人民法院、最高人民检察院、公安部等部门均提出要克服错案界定的“唯结果论”，被法院宣告无罪并非意味着前面的诉讼机关办错案件，再审宣告无罪也并非意味着之前的办案机关和办案人员办错案件，而是更加强调之前的办案机关和办案人员是否存在“故意或者重大过失”。例如2013年中央政法委《关于切实防止冤假错案的规定》第13条规定：“明确冤假错案的标准、纠错启动主体和程序，建立健全冤假错案的责任追究机制。”2015年《最高人民法院关于完善人民法院司法责任制的若干意见》规定了“违法审判责任”，并采取列举方式规定了不予追究责任的多种情形。其中第28条规定：“因下列情形之一，导致案件按照审判监督程序提起再审后被改判的，不得作为错案进行责任追究：(1）对法律、法规、规章、司法解释具体条文的理解和认识不一致，在专业认知范围内能够予以合理说明的；(2）对案件基本事实的判断存在争议或者疑问，根据证据规则能够予以合理说明的；(3）当事人放弃或者部分放弃权利主张的；(4）因当事人过错或者客观原因致使案件事实认定发生变化的；(5）因出现新证据而改变裁判的；(6）法律修订或者政策调整的；(7）裁判所依据的其他法律文书被撤销或者变更的；(8）其他依法履行审判职责不应当承担责任的情形。”[①] 2015年9月25日发布的《最高人民检察院关于完善人民检察院司法责任制的若干意见》第33条规定：“司法办案工作中虽有错案发生，但检察人员履行职责中尽到必要注意义务，没有故意或重大过失的，不承担司法责任。”2013年《公安部关于进

① 详见《最高人民法院关于完善人民法院司法责任制的若干意见》（法发〔2015〕13号）。

一步加强和改进刑事执法办案工作切实防止发生冤假错案的通知》第4条规定："要建立冤假错案责任终身追究机制，对有故意或重大过失的执法办案人员，要依法追究责任。"可见，对于错案的追究，无论是中央政法委还是最高人民法院、最高人民检察院、公安部等均进行了严格的限定，仅限于"公安司法人员有故意或者重大过失的情形"，这就使错案责任的追究更加合理规范，也能够有效避免错案责任追究可能对公安司法人员正常司法行为产生的消极影响。

另外，刑事诉讼专门机关考评制度的完善还需要考评主体多元化、考评程序正当化、考评结果评价理性化等诸多内容，这些内容都是完善和规范考评制度的重要组成部分。可见，刑事诉讼专门机关业绩考评制度的规范和完善是一项系统工程，也是科学评价刑事诉讼专门机关业绩、保障刑事诉讼活动理性化、规范化、现代化、高效化的重要制度设置，同时也是当前司法改革的重要内容。相信随着全面依法治国步伐的稳步推进，随着司法改革举措的全面铺开，刑事诉讼专门机关业绩考评制度也将适应这一过程，逐步走向科学化、规范化、现代化，在科学评价和评估专门机关工作业绩、助推专门机关公正高效进行诉讼活动、最大限度地实现司法公正、防范冤假错案方面发挥更大的作用。

结　语

刑事诉讼专门机关业绩考评制度被一些域外检察官称为“隐形诉讼法”[①]，其对整个刑事诉讼活动的影响力是远远超乎想象的。近年来，无论是理论界还是实务界，都对该问题予以了关注和重视，中央政法委、最高人民法院、最高人民检察院、公安部等也在不断地规范和完善本部门的考评办法和机制，因而我国刑事诉讼专门机关的考评制度也日趋规范和科学。但从实践的层面审视，即使现在的考评制度和办法对以往的不合理、不科学因素作出了必要的修订，但要彻底克服多年沿袭和运用的传统考评办法和制度的弊端仍然面临很多困难，实践的成效并不明显。例如，根据中央政法委的要求，检察系统取消了对起诉率和不起诉率的考评。根据最高人民检察院向全国人大常委会汇报的情况，我国的不起诉比例有所提高，但从应然的角度考察，笔者认为我国的不起诉比例仍然没有达到应有的程度，这也是最高人民检察院副检察长童建明之所以提出“要敢用善用不起诉决定权”的重要原因。[②] 再如，虽然不再对有罪判决率进行考评，但我国的无罪判决难产现象仍没有太大改观。可见，专门机关考评制度的规范化、科学化是一项系统工程，要充分发挥它对整个刑事诉讼过程的积极作用，克服和消除它的消极作用。除了考评办法和制度的文字规范以外，更重要的是要做好一系列的配套工作，例如司法理念的更新、专门机

① 参见万毅等：《检察官考评制度：如何让隐形诉讼法更科学》，载《检察日报》2019 年 12 月 16 日。

② 参见童建明：《论不起诉权的合理适用》，载《中国刑事法杂志》2019 年第 4 期。

关之间考评制度的协调、人权保障的正面评价、考评结果的理性运用等。唯有如此，文字性的考评办法才会化为“行动中的法”，考评办法和制度的积极作用和功能才会最大限度地发挥出来，以往的消极作用和影响才会得以消除和克服，进而达到从根本上解决我国刑事诉讼诸多痼疾的作用，保障刑事诉讼活动理性化、规范化、科学化运行，为国家治理体系和治理能力的现代化贡献刑事诉讼力量。

由于专门机关的业绩考评制度涉及内容颇多，且考评制度在专门机关是作为一项内部工作机制加以定位的，实证研究的难度较大，资料的收集、研究分析也有一个长期的过程，加之研究的力量有限、时间紧迫等因素影响，对于该问题的研究仍存在诸多不足之处，希望通过我们的研究能够进一步引起理论界和实务界对该问题的兴趣和关注。通过对该问题的深入研究，推动我国刑事诉讼专门机关业绩考评制度的科学化、规范化、精密化，为我国刑事法治事业的进步作出应有的理论贡献。

后 记

笔者于1991年从中国政法大学本科毕业后，有幸进入山东省高级人民法院做了十三年法官，除了1991~1992年在基层法院从事一年行政审判工作外，一直从事刑事审判工作。2003年7月至2004年8月还有幸借调最高人民法院刑二庭工作一年。其间陆续完成了硕士研究生、博士研究生的学习。2004年11月调到山东大学法学院从事教学科研工作，实现了从法官到教师的职业转变，主要研究方向也是刑事诉讼法学和证据法学。从2009年开始，作为兼职律师，笔者亲力亲为，陆陆续续辩护了许多刑事案件，其中包括被评为“2018年十大无罪案件”的徐某诈骗案，2015年系列证券案之一，江苏省省委常委、常务副省长李某某受贿案等若干重大案件，取得良好的社会效果和法律效果。“纸上得来终觉浅，绝知此事要躬行”，多年的刑事审判、刑事辩护经历使笔者积累了一些难得的实践素材，切身体验到刑事司法实践的酸甜苦辣，增加和丰富了人生阅历，无形中对自己的教学科研工作也产生了积极的影响。但同时，由于需要兼顾教学科研和辩护律师工作，有时又有些疲于应付，自顾不暇，进而影响教学科研工作成效，这也是近些年来自己科研成果较少的一个重要原因。但个人并不后悔，因为从骨子里，可能笔者更喜欢司法实践的磨炼和体验，许多经验确实是纯粹理论研究所难以体会的，虽然其中不乏艰辛和磨难。人生在世，得失之间，不能一概而论，只要自己知足即可。

刑事诉讼专门机关业绩考评制度是笔者多年司法实践中关注的一个极为重要的问题，该制度对我国刑事诉讼实践的影响是远远超乎想象的。相对于该问题的重要性、敏感性、复杂性、贯通性，目前我国理论界和实务界对其的研究和关注仍然不足。由于笔者平时俗务过多，对该问题研究投入的时间和精力不够，故而研究仍然有待深入，希望今后能有机会弥补其中的一些缺憾和不足，对该问题从理论上进一步雕琢。

在本书的具体分工方面，笔者提出全书写作框架并负责统稿，冯俊伟撰写第一章，孙晓梁撰写第五章，其余章节由笔者撰写。

笔者攻读博士学位期间，师从我国著名诉讼法学家樊崇义教授。樊老师对笔者耳提面命，授业解惑，无论是学习上还是生活上，关爱有加，恩重如山。本书成稿之时欣逢恩师八十大寿，本书也算是对恩师敦敦教诲的一份回报，祝老人家健康长寿，童心永驻。

胡常龙

2020 年 6 月于济南